INTERTEXTUALIDADE:
diálogos possíveis

EDITORA AFILIADA

Dados Internacionais de Catalogação na Publicação (CIP)
(Câmara Brasileira do Livro, SP, Brasil)

Koch, Ingedore G. Villaça
    Intertextualidade : diálogos possíveis / Ingedore G. Villaça Koch, Anna Christina Bentes, Mônica Magalhães Cavalcante. – 3. ed. – São Paulo : Cortez, 2012.

    Bibliografia.
    ISBN 978-85-249-0134-8

    1. Intertextualidade 2. Linguística 3. Teoria literária 4. Texto I. Bentes, Anna Christina. II. Cavalcante, Mônica Magalhães. III. Título.

07-1034   CDD--418

Índices para catálogo sistemático:

1. Intertextualidade : Linguística textual   418

Ingedore G. Villaça Koch
Anna Christina Bentes
Mônica Magalhães Cavalcante

INTERTEXTUALIDADE:
diálogos possíveis

3ª edição

INTERTEXTUALIDADE: diálogos possíveis
Ingedore G. Villaça Koch • Anna Christina Bentes • Mônica Magalhães Cavalcante

Capa: aeroestúdio
Preparação de originais: Jaci Dantas
Revisão: Lucimara Carvalho
Composição: Linea Editora Ltda.
Coordenação editorial: Danilo A. Q. Morales

Nenhuma parte desta obra pode ser reproduzida ou duplicada sem autorização expressa das autoras e do editor.

© 2007 by Autoras

Direitos para esta edição
CORTEZ EDITORA
Rua Monte Alegre, 1074 – Perdizes
05014-001 – São Paulo – SP
Tel.: (11) 3864-0111 Fax: (11) 3864-4290
e-mail: cortez@cortezeditora.com.br
www.cortezeditora.com.br

Impresso no Brasil – junho de 2012

AGRADECIMENTOS

Uma obra é sempre tributária dos diálogos com outras obras e outras pessoas. Por isso, gostaríamos de fazer alguns agradecimentos a pessoas especiais: a Vanda Elias, pelo constante diálogo e incentivo, a Judith Hoffnagel e a Edwiges Morato, pela generosidade intelectual e pelo incentivo e a Wladimir Gondim Leichsenring, Lílian Moreira Pará e Rafael Costa de Sousa, pelos momentos de discussão sobre o tema.

SUMÁRIO

APRESENTAÇÃO 9

INTRODUÇÃO 11

CAPÍTULO 1 Intertextualidade *stricto sensu* 17
    1.1 Intertextualidade temática................................... 18
    1.2 Intertextualidade estilística 19
    1.3 Intertextualidade explícita................................... 28
    1.4 Intertextualidade implícita 31

CAPÍTULO 2 O *détournement* 45

CAPÍTULO 3 Intertextualidade intergenérica e intertextualidade tipológica 63
    3.1 A intertextualidade intergenérica 63
    3.2 A intertextualidade tipológica 76

CAPÍTULO 4 Intertextualidade e polifonia 79

CAPÍTULO 5 Intertextualidade *lato sensu* 85
    5.1 Introdução.. 85
    5.2 Estratégias de manipulação de intertextualidade genérica   86
    5.3 Estratégias de manipulação de intertextualidade tipológica 101

CAPÍTULO 6 Intertextualidade — outros olhares 119
   6.1 A "intertextualidade restrita" de Genette 119
   6.2 Paratextualidade e arquitextualidade — para além do texto, mas nas bordas da intertextualidade 131
   6.3 A metatextualidade 133
   6.4 A hipertextualidade e as relações de derivação 134
   6.5 Um comentário final.. 143

CONCLUSÃO 145

REFERÊNCIAS BIBLIOGRÁFICAS 149

ANEXOS 157

APRESENTAÇÃO

A intertextualidade constitui um dos grandes temas a cujo estudo se têm dedicado, sob perspectivas téoricas distintas, tanto a Linguística Textual como uma série de outras disciplinas, particularmente a Teoria Literária, no interior da qual o conceito teve origem. A crítica literária francesa Julia Kristeva, responsável pela introdução do conceito na década de 1960, com base no postulado do dialogismo bakhtiniano, concebe cada texto como constituindo um intertexto numa sucessão de textos já escritos ou que ainda serão escritos.

A Linguística Textual, como iremos ver no desenvolvimento deste volume, incorporou o postulado dialógico de Bakhtin (1929), de que um texto (enunciado) não existe nem pode ser avaliado e/ou compreendido isoladamente: ele está sempre em diálogo com outros textos. Assim, todo texto revela uma relação radical de seu interior com seu exterior. Dele fazem parte outros textos que lhe dão origem, que o predeterminam, com os quais dialoga, que ele retoma, a que alude ou aos quais se opõe. Segundo Bakhtin (1986, p. 162), *"o texto só ganha vida em contato com outro texto (com contexto). Somente neste ponto de contato entre textos é que uma luz brilha, iluminando tanto o posterior como o anterior, juntando dado texto a um diálogo. Enfatizamos que esse contato é um contato dialógico entre textos... por trás desse contato está um contato de personalidades e não de coisas"*.

Sendo assim, este livro tem como principal objetivo analisar, com o auxílio de muitos exemplos, essa necessária presença do outro naquilo que dizemos (escrevemos) ou ouvimos (lemos), procurando dar conta das duas facetas desse fenômeno: a intertextualidade em sentido amplo (*lato sensu*), constitutiva de todo e qualquer discurso, e a intertextualidade *stricto sensu*, atestada pela presença necessária de um intertexto.

INTRODUÇÃO

Se pretendemos lançar um olhar sobre o fenômeno da intertextualidade, faz-se necessário ter claro em mente o conceito de texto sobre o qual nos iremos debruçar, já que este conceito não é de consenso não só entre as diferentes disciplinas teóricas que o tomam como objeto, mas, inclusive, no interior da Linguística Textual, pelo fato de, nas várias etapas de seu desenvolvimento, ter ele passado por uma série de transformações, conforme as perspectivas adotadas em cada momento.

Assim, num primeiro momento (segunda metade dos anos 1960), o texto foi visto, pela maioria dos pesquisadores, como uma entidade abstrata, o "signo linguístico primário" (Hartmann, 1968), a unidade mais alta do sistema linguístico, cujos elementos e regras combinatórias cabia à Linguística Textual determinar. Foi nesse período, portanto, que tiveram grande impulso os estudos sobre os mecanismos de coesão textual, ou seja, os recursos da língua que permitem estabelecer, entre os elementos constituintes de uma superfície textual, relações sintático-semânticas que lhe garantam a continuidade de sentido. Não se fazia, então, distinção clara entre coesão e coerência, termos muitas vezes usados como intercambiáveis e/ou equivalentes.

Em um segundo momento, já na segunda metade da década de 1970, ocorreu o que se chamou, em Koch (2004), de "virada pragmática", alterando-se e alargando-se em muito o conceito primitivo de texto, por influência de teorias de ordem enunciativa, como a Teoria da Atividade Verbal, a Teoria dos Atos de Fala e a Teoria da Enunciação (cf. Koch,

2004). O objeto de estudo passa a ser o "texto-em-funções" (Schmidt, 1978), cuja constituição é determinada por uma série de fatores de natureza pragmática, como *intencionalidade, aceitabilidade, situacionalidade, informatividade, intertextualidade,* ao lado da *coesão* e da *coerência,* cujos limites passam, agora, a ser traçados de forma mais precisa (cf. Beaugrande e Dressler, 1981; Van Dijk, 1978; 1981; Charolles, 1983).

Os anos 1980, por sua vez, caracterizaram-se pela incorporação, nas pesquisas em Linguística Textual, dos mecanismos, processos, estratégias de ordem cognitiva responsáveis pelo processamento textual e pela construção dos sentidos, de forma a ampliar-se grandemente o conceito de texto e, por decorrência, o objeto da própria Linguística Textual, conforme se pode verificar em Marcuschi (1983):

> Proponho que se veja a LT, mesmo que provisória e genericamente, como o estudo das operações linguísticas e cognitivas reguladoras e controladoras da produção, construção, funcionamento e recepção de textos escritos ou orais. Seu tema abrange a coesão superficial ao nível dos constituintes linguísticos, a coerência conceitual ao nível semântico e cognitivo e o sistema de pressuposições e implicações ao nível pragmático da produção de sentido no plano das ações e intenções. Em suma, a LT trata o texto como um ato de comunicação unificado num complexo universo de ações humanas. (p. 12-13)

Percebe-se, então, que coesão e coerência não podem ser vistas de forma totalmente estanque, visto que, na construção de ambas, operam processos de ordem cognitiva, de tal modo que se deveria pensar em um contínuo: haveria alguns fenômenos mais típicos de coesão (por exemplo, as anáforas diretas correferenciais), e outros mais típicos de coerência (detecção da presença de intertextualidade, construção da macroestrutura global do texto), caminhando-se de um polo a outro do contínuo conforme a complexidade das inferências exigidas no processamento. Dessa forma, em se tratando de fenômenos como a *referenciação,* a interpretação de enunciados justapostos sem a presença de articuladores, haveria uma imbricação necessária entre coesão e coerência, pois estaria em jogo um "cálculo de sentido" (Koch, 1999).

Nova reviravolta vai ocorrer a partir dos anos 1990, quando da adoção do sociocognitivismo e do interacionismo bakhtiniano, passando o texto a ser visto como:

> [...] lugar de constituição e de interação de sujeitos sociais, como evento, portanto, em que convergem ações linguísticas, cognitivas e sociais (Beaugrande, 1997), ações por meio das quais se constroem interativamente os objetos-de-discurso e as múltiplas propostas de sentidos, como função de escolhas operadas pelos coenunciadores entre as inúmeras possibilidades de organização que cada língua lhes oferece... construto histórico e social, extremamente complexo e multifacetado... (Koch, 2002, p. 9)

É, portanto, à luz deste último paradigma, que a Linguística Textual vem desenvolvendo suas pesquisas, e é dessa perspectiva que procedemos aqui ao tratamento do fenômeno da intertextualidade, que vem constituindo um dos grandes temas a cujo estudo se têm dedicado, também, sob pontos de vista teóricos distintos, a Análise do Discurso (por exemplo, Maingueneau (2001) e, no Brasil, Fiorin & Barros (1994) e Brait (1997), entre outros); a Linguística Antropológica (cf. Bauman, 2004); e a Teoria Literária (cf. Kristeva, 1974; Genette, 1982; Jenny, 1979), no interior da qual o conceito teve sua origem.

Escreve o *Dicionário de linguagem e linguística* de Trask (2004):

> O conceito de intertextualidade foi introduzido na década de 1960, pela crítica literária francesa Julia Kristeva. Num sentido mais óbvio, o termo pode ser aplicado aos casos célebres em que uma obra literária faz alusão a outra obra literária: por exemplo, o *Ulisses* de J. Joyce e a *Odisseia* de Homero (entre outros); o romance *Lord of flies*, de W. Golding e o livro *The coral island*, de R. M. Ballantyne; as últimas obras de Machado de Assis e o *Eclesiaste*; a *Invenção de Orfeu*, de Jorge de Lima e *Os lusíadas*. (p. 147)

Salienta ainda o *Dicionário* que "a intenção de Kristeva tem aplicação mais ampla: ela encara cada texto como constituindo um intertexto numa sucessão de textos já escritos ou que ainda serão escritos" (p. 147).

Segundo Kristeva (1974), qualquer texto se constrói como um mosaico de citações e é a absorção e transformação de um outro texto (p. 60). É nessa mesma linha de pensamento que Greimas (1966) afirma:

> O texto redistribui a língua. Uma das vias dessa reconstrução é a de permutar textos, fragmentos de textos que existiram ou existem em redor do texto considerado, e, por fim, dentro dele mesmo; todo texto é um intertexto; outros textos estão presentes nele, em níveis variáveis, sob formas mais ou menos reconhecíveis.

A Linguística textual, como iremos ver no desenvolvimento deste trabalho, incorporou o postulado dialógico de Bakhtin (1929), de que um texto (enunciado) não existe nem pode ser avaliado e/ou compreendido isoladamente: ele está sempre em diálogo com outros textos.

Também na *Análise do discurso* encontram-se posições de certa forma semelhantes (mantidas, evidentemente, as diferenças de perspectiva teórica). Assim, podemos ler em Pêcheux (1969):

> [...] Deste modo, dado discurso envia a outro, frente ao qual é uma resposta direta ou indireta, ou do qual ele "orquestra" os termos principais, ou cujos argumentos destrói. Assim é que o processo discursivo não tem, de direito, um início: o discurso se estabelece sempre sobre um discurso prévio.

Da mesma forma, Maingueneau (1976), ao afirmar que o intertexto constitui um dos componentes decisivos das condições de produção, ressalta: "um discurso não vem ao mundo numa inocente solitude, mas constrói-se através de um já-dito em relação ao qual toma posição" (p. 39).

A questão vem sendo examinada, também, sob o ângulo sociosemiológico. Assim, para Verón (1980), a pesquisa semiológica deve considerar três dimensões do princípio da intertextualidade:

a) as operações produtoras de sentido são sempre intertextuais no interior de um certo universo discursivo (por exemplo, o cinema);
b) o princípio da intertextualidade aplica-se também entre domínios discursivos diferentes (por exemplo, cinema e TV);
c) no processo de produção de um discurso, há uma relação intertextual com outros discursos relativamente autônomos — manuscritos, rascunhos, primeiras versões e versões intermediárias — que, embora funcionando como momentos ou etapas da produção, não vão aparecer na superfície do discurso "produzido" ou "terminado". Mas o estudo de tais textos pode oferecer esclarecimentos fundamentais não só sobre o processo de produção em si (veja-se a pesquisa da Crítica Genética), como também sobre o processo de leitura, no nível da recepção. Trata-se, conforme as palavras de Verón, de uma intertextualidade "profunda", já que tais textos, que participam do processo de produção de outros textos, não atingem jamais (ou muito raramente) a consumação social dos discursos.

Ainda segundo Verón (1980, p. 82), a análise semiológica só pode avançar por diferença, isto é, por comparação entre objetos textuais: Um texto não tem propriedades "em si": caracteriza-se somente por aquilo que o diferencia de outro texto [...]. Por isso, também a noção de intertextualidade não se refere apenas à verificação de um dos aspectos do processo de produção dos discursos, mas também à expressão de uma regra de base do método [...]; trabalha-se sempre sobre vários textos, conscientemente ou não, uma vez que as operações na matéria significante são, por definição, intertextuais.

Todo texto é, portanto, um objeto heterogêneo, que revela uma relação radical de seu interior com seu exterior. Dele fazem parte outros textos que lhe dão origem, que o predeterminam, com os quais dialoga, que ele retoma, a que alude ou aos quais se opõe. Nas palavras de Bakhtin,

O texto só ganha vida em contato com outro texto (com contexto). Somente neste ponto de contato entre textos é que uma luz brilha, iluminando tanto o posterior como o anterior, juntando dado texto a um diálogo. Enfatizamos que esse contato é um contato dialógico entre textos... Por trás desse contato está um contato de personalidades e não de coisas. (Bakhtin, 1986, p. 162)

Cabe, também, lembrar que a Linguística Textual tem mostrado que a comparação dos textos produzidos em dada cultura permite depreender as propriedades formais, estilísticas e temáticas comuns a determinados gêneros textuais (intertextualidade metagenérica), bem como estruturas comuns a cada um dos tipos textuais (intertextualidade tipológica). Tais propriedades são representadas na memória social sob forma de esquemas (cf., por exemplo, Van Dijk e Kintsch, 1983; Van Dijk, 1983; 1989), que desempenham papel de grande relevância no processamento textual, quer em termos de produção, quer em termos de compreensão.

Em razão desta — necessária — presença do outro naquilo que dizemos (escrevemos) ou ouvimos (lemos) é que postulamos a existência de uma intertextualidade ampla, constitutiva de todo e qualquer discurso, a par de uma intertextualidade *stricto sensu*, esta última atestada, necessariamente, pela presença de um intertexto.

CAPÍTULO 1

INTERTEXTUALIDADE *STRICTO SENSU*

A intertextualidade *stricto sensu* (daqui por diante, apenas *intertextualidade*) ocorre quando, em um texto, está inserido outro texto (intertexto) anteriormente produzido, que faz parte da memória social de uma coletividade ou da memória discursiva (*domínio estendido de referência*, cf. Garrod, 1985) dos interlocutores. Isto é, em se tratando de intertextualidade *stricto sensu*, é necessário que o texto remeta a outros textos ou fragmentos de textos *efetivamente* produzidos, com os quais estabelece algum tipo de relação.

Como afirma Jenny (1979):

> Propomo-nos a falar de intertextualidade desde que se possa encontrar num texto *elementos anteriormente estruturados, para além do lexema, naturalmente*, mas seja qual for o seu nível de estruturação. (p. 14; grifo nosso)

Importante, contudo, é frisar, como o faz Bauman (2004, p. 6), que toda e qualquer retextualização de um texto prévio implica uma mudança de clave, uma alteração em sua força ilocucionária e em seu efeito perlocucionário — ou seja, no que ele vale (*counts as*) e no que ele faz.

Diversos tipos de intertextualidade têm sido relacionados, cada qual com características próprias: intertextualidade temática, intertextualidade estilística; intertextualidade explícita, intertextualidade implícita; autotextualidade, intertextualidade com textos de outros enunciadores, inclusive um enunciador genérico; intertextualidade "das semelhanças" e "das diferenças" (no dizer de Sant'Anna, 1985); intertextualidade intergenérica; intertextualidade tipológica. Delas trataremos nos próximos capítulos.

Cabe lembrar, ainda, que há autores que reservam o termo *intertextualidade* somente para os casos em que se recorre a intertextos alheios. Quando um autor ou compositor insere em seu texto trechos de outras obras suas, preferem falar em *autotextualidade* ou *intratextualidade*. Não faremos distinção, no entanto, entre intertextualidade e autotextualidade.

1.1 Intertextualidade temática

A *intertextualidade temática* é encontrada, por exemplo, entre textos científicos pertencentes a uma mesma área do saber ou uma mesma corrente de pensamento, que partilham temas e se servem de conceitos e terminologia próprios, já definidos no interior dessa área ou corrente teórica; entre matérias de jornais e da mídia em geral, em um mesmo dia, ou durante um certo período em que dado assunto é considerado focal; entre as diversas matérias de um mesmo jornal que tratam desse assunto; entre as revistas semanais e as matérias jornalísticas da semana; entre textos literários de uma mesma escola ou de um mesmo gênero, como acontece, por exemplo, nas epopeias, ou mesmo entre textos literários de gêneros e estilo diferentes (temas que se retomam ao longo do tempo, como o do usurário, na *Aululária* de Plauto, em *O avarento*, de Molière e em *O santo e a porca*, de Ariano Suassuna) e o tema da *Medeia* de Eurípedes, da *Medeia* de Sêneca e de *A gota d'água*, de Chico Buarque/ Paulo Pontes; entre diversos contos de fadas tradicionais e lendas que fazem parte do folclore de várias culturas, como é o caso do *dilúvio* e da *caixa de Pandora*, que são encontrados em muitas mitologias, embora, é claro, em versões diferentes; histórias em quadrinhos de um mesmo autor; diversas canções de um mesmo compositor ou de compositores diferentes; um livro e o filme ou novela que o encenam; as várias encenações de uma mesma peça de teatro, as novas versões de um filme, e assim por diante.

1.2 Intertextualidade estilística

Descartamos a possibilidade de existência de uma intertextualidade apenas de forma, como por vezes se costuma postular, já que defendemos a posição de que toda forma necessariamente emoldura, *enforma* determinado conteúdo, de determinada maneira. A intertextualidade estilística ocorre, por exemplo, quando o produtor do texto, com objetivos variados, repete, imita, parodia certos estilos ou variedades linguísticas: são comuns os textos que reproduzem a linguagem bíblica, um jargão profissional, um dialeto, o estilo de um determinado gênero, autor ou segmento da sociedade. Vejam-se os exemplos abaixo, divulgados na Internet, que têm como intertexto a oração do Pai Nosso ou outras orações da liturgia cristã:

Oração dos Programadores

> Sistema operacional que estais na memória,
> Compilado seja o vosso programa,
> Venham à tela os vossos comandos,
> Seja executada a nossa rotina,
> Assim na memória como na impressora.
> Acerto nosso de cada dia, rodai hoje
> Informai os nossos erros,
> Assim como nós informamos o que está corrigido.
> Não nos deixeis cair em looping,
> Mas livrai-nos do Dump,
> Amém.

Oração do Internauta

Satélite nosso que estais no céu, acelerado seja o vosso link, venha a nós o vosso host, seja feita vossa conexão, assim em casa como no trabalho.

O download nosso de cada dia nos dai hoje, perdoai nosso tempo perdido no Chat, assim como nós perdoamos os banners de nossos provedores.

Não nos deixeis cair a conexão e livrai-nos do Spam,
Amém!

Oração de Natal com Retrospectiva 2006 (Luiz Celso Pinto)

Pelo projeto político do deputado Clodovil
Pelo "espetáculo do crescimento" que até hoje ninguém viu
Pelas explicações sucintas do ministro Gilberto Gil
Senhor, tende piedade de nós

Pelo jeitinho brejeiro da nossa juíza
Pelo perigo constante quando Lula improvisa
Pelas toneladas de botox da Dona Marisa
Senhor, tende piedade de nós

Pelo Marcos Valério e o Banco Rural
Pela casa de praia do Sérgio Cabral
Pelo dia em que Lula usará o plural
Senhor, tende piedade de nós

Pelo nosso Delúbio e Valdomiro Diniz
Pelo "nunca antes nesse país"
Pelo povo brasileiro que acabou pedindo bis
Senhor, tende piedade de nós

Pela Cicarelli na praia namorando sem vergonha
Pela Dilma Rousseff sempre tão risonha
Pelo Gabeira que jurou que não fuma mais maconha
Senhor, tende piedade de nós

Pela importante missão do astronauta brasileiro
Pelos tempos que Lorenzetti era só marca de chuveiro
Pelo Freud que "não explica" a origem do dinheiro
Senhor, tende piedade de nós

Pelo casal Garotinho e sua cria
Pelos pijamas de seda do "nosso guia"
Pela desculpa de que "o presidente não sabia"
Senhor, tende piedade de nós

Pela jogada milionária do Lulinha com a Telemar
Pelo espírito pacato e conciliador do Itamar
Pelo dia em que finalmente Dona Marisa vai falar
Senhor, tende piedade de nós

Pela "queima do arquivo" Celso Daniel
Pela compra do dossiê no quarto de hotel
Pelos "hermanos compañeros" Evo, Chaves e Fidel
Senhor, tende piedade de nós

Pelas opiniões do prefeito César Maia
Pela turma de Ribeirão que caía na gandaia
Pela primeira dama catando conchinha na praia
Senhor, tende piedade de nós

Pelo escândalo na compra de ambulâncias da Planam
Pelos aplausos "roubados" do Kofi Annan
Pelo lindo amor do "sapo barbudo" por sua "rã"
Senhor, tende piedade de nós

Pela Heloisa Helena nua em pêlo
Pela Jandira Feghali e seu cabelo
Pelo charme irresistível do Aldo Rebelo
Senhor, tende piedade de nós

Pela greve de fome que engordou o Garotinho
Pela Denise Frossard de colar e terninho
Pelas aulas de subtração do professor Luizinho
Senhor, tende piedade de nós

Pela volta triunfal do "caçador de marajás"
Pelo Duda Mendonça e os paraísos fiscais
Pelo Galvão Bueno que ninguém aguenta mais
Senhor, tende piedade de nós

Pela eterna farra dos nossos banqueiros
Pela quebra do sigilo do pobre caseiro
Pelo Jader Barbalho que virou "conselheiro"
Senhor, tende piedade de nós

Pela máfia dos "vampiros" e "sanguessugas"
Pelas malas de dinheiro do Suassuna
Pelo Lula na praia com sua sunga
Senhor, tende piedade de nós

Pelos "meninos aloprados" envolvidos na lambança
Pelo plenário do Congresso que virou pista de dança
Pelo compadre Okamotto que empresta sem cobrança
Senhor, tende piedade de nós

Pela família Maluf e suas contas secretas
Pelo dólar na cueca e pela máfia da Loteca
Pela mãe do presidente que nasceu analfabeta
Senhor, tende piedade de nós

Pela invejável cultura da Adriana Galisteu
Pelo "picolé de xuxu" que esquentou e derreteu
Pela infinita bondade do comandante Zé Dirceu
Senhor, tende piedade de nós

Pela eterna desculpa da "herança maldita"
Pelo "chefe" abusar da birita
Pelo novo penteado da companheira Benedita
Senhor, tende piedade de nós

Pela refinaria brasileira que hoje é boliviana
Pelo "compañero" Evo Morales que nos deu uma banana
Pela mulher do presidente que virou italiana
Senhor, tende piedade de nós

Pelo MST e pela volta da Sudene
Pelo filho do prefeito e pelo neto do ACM
Pelo político brasileiro que coloca a mão na "m"
Senhor, tende piedade de nós

▶

> Pelo Ali Babá e sua quadrilha
> Pelo Gushiken e sua cartilha
> Pelo Zé Sarney e sua filha
> Senhor, tende piedade de nós
>
> Pelas balas perdidas na Linha Amarela
> Pela conta bancária do bispo Crivella
> Pela cafetina de Brasília e sua clientela
> Senhor, tende piedade de nós
>
> Pelo crescimento do PIB igual do Haiti
> Pelo Doutor Enéas e pela senhorita Suely
> Pela décima plástica da Marta Suplicy
> Senhor, tende piedade de nós
>
> Por fim,
> Para que possamos festejar juntos os próximos natais
> Senhor, dai-nos a paz!!!

É sabido, também, que um dos cânones da poesia épica clássica era a técnica da imitação, da retomada das fontes, como se pode ver entre os versos de Petrarca e Camões, citados por Sant'Anna (1985), reproduzidos a seguir:

> L'Amante nell'amato se transforma (Petrarca)
> Transforma-se o amador em cousa amada (Camões)

> Che contra el ciel non val difesa umana (Petrarca)
> Que contra o céu não val defesa humana (Camões)

Veja-se, a seguir, o texto *Grande ser, tão veredas*, em que o autor, Paulo Leminski, usa o estilo de Guimarães Rosa para fazer o comentário crítico da minissérie que vinha sendo exibida na época pela TV Globo:

Grande ser, tão veredas

"A pois. E não foi, num vupt-vapt, que as altas histórias gerais da jagunçagem deram de ostentar suas prosápias e bizarrias no tal horário nobre da caixinha de surpresas, pro bem e pro mal, Rede Globo chamada?

Compadre mano velho, mire e veja as voltas que o mundo dá. Quem havera de dizer que toda essa aprazível gente cidadã ia botar gosto em saber das fabulanças daqueles tempos, quando o desmando e a contra-lei atropelavam os descampados do Urucuia, lá praquelas bandas brabas, onde tanto boi berra?

Só dizendo mesmo, a bem dizer, como proclamava meu compadre de Andrade, Oswald, dito e falado, lauto fazendeiro de S. Paulo: a massa ainda vai comer do biscoito fino que eu fabrico. A graça que ia nisso! Tinha muita graça meu compadre de Andrade. Mas o senhor, que é homem instruído, não faça pouco nem ponha reparo nas facécias do compadre Oswald. Era homem sabido de esperto, e quando parecia que estava mais se rindo, mais se estava falando sério. Tudo questão de tino, coisa que é que nem coragem, que tem, como tem gente que não vai ter nunca.

De modos que esse brazilzão todo, rol de gente de nunca acabar, está ficando sabendo, devagarinho, das andanças do jagunço Riobaldo Tatarana, ao lado do seu querido Reinaldo, vale dizer Diadorim. Só que tem um desconforme. A gente não sabia, de princípio, que Reinaldo era mulher, que nem a gente já fica sabendo nas televisivas fabulanças. E se bem me alembro, a memória tem dessas coisas, Reinaldo não era tão bonito como essa beleza de dona Bruna, Lombardi chamada, italiana tirana de tanta boniteza. Semelhava assim, no pisco do olho, uns jeitos de garoto nos seus quinze, o mais tardar seus dezessete anos, emborasmente mais judiado, que a jagunça vida nasceu para dar a formosura pra ninguém.

Nem ninguém jagunceia por picardia, jagunceia por precisão.

Tarcísio Meira? Meira, dos Meira de Buritis-Altos? Ah, não. A pois. Veja você, que é gente de prol e de escol, mire e veja. Não assemelha o Hermógenes. Não, Deus esteja. T'arrenego, e esconjuro! O cão com o cão, e a faca na mão! Aquilo não era criatura de Deus, quem viu, viu sabendo, e bem sabido. Era feio como a necessidade, ninguém nunca deitou os olhões num indivíduo mais puxado a sapo, que até cascavel, pra quem gosta, até tem lá suas graças e desenhadas cores.

É, despotismo de calamidades! Teve o fim que mereceu, que o diabo escolhe quem quer, Deus só escolhe os seus.

Do Diabo? Diaa? Diadorim? Do diabo, não se fala. Que diabo hoje não faz favor na gente cidadã. Que diabo, que nada! o coisa-ruim, o que-nem-se-diga, o diantre, o dívida-externa, o Aids, o inflação, o Dielfim-Netto! Acreditar não digo que a gente acreditava. Difícil era achar quem duvidasse, o senhor releve a sutileza, que é cortesia de jagunço velho, mor de não estragar a pontaria.

Pontaria, pontaria mesmo, quem teve nem nunca deixou de ter, foi Riobaldo Tatarana Guimarães Rosa, esse o nome cabal e completo, homem de muitas letras, nenhum igual ninguém nunca nem viu. A pois, mano velho. Tino e siso era ali, jagunço de caudaloso cabedal, tiro certeiro no olho da onça jaguarete, pau e pau, pum e pum.

Quem dissera? Nem quem diria! Aquela parolagem toda, jaguncismo de lei, no tal nobre horário da Rede Globo chamada... Custoso é o mundo de entender, custosa a fala de Riobaldo Tatarana Guimarães Rosa. Aquilo é falar de cristão, cruz-credo, me persigno!" Nem nenhuma lei de sã gramática aquele jagunço reverenciava, e era tudo um redemoinho de sustos, que gente como nós é minuciosa nas artes do sem-sobreaviso. Surpresa só. Vá que a gente cidadã nos seus nobres horários vá saber o que a gente só dizia no oco do toco, o senhor que é de lá me diga... e a caixa de surpresa, televisão chamada, não tem validade de força pra suflagrar no durante e no seguinte, os cafundós de filosofismo que Tatarana fosse o Homero desses brasis todos, Homero, o senhor sabe, o Adão dos cantadores...

Divago. Mas não disperso. Esse rural acabou. A pois. Mas que foi muita coragem desse tal sio Avancino, Avancini, o senhor me corrija e reja, de ponhar em vídeo e áudio tanto caudal primitivo, que isso foi, foi macheza, ninguém duvida, quem havera de? Eh, mão de obra!

Efetuar proezas é da vida, e o que for do homem, o bicho não come. Contar é que impecilha, a lembrança não pousa nunca no mesmo lugar, e o dito nunca fica como foi, nem o escrito, que só vem muito depois.

Consoantemente meu compadre falecido Tatarana, na glória esteja! Costumo e tenho bom uso de dizer, que com ele aprendi, "viver é muito perigoso".

Vê lá se televisionar não havera de ser".

Observe-se, também, o texto abaixo, propagado pela internet:

Escândalo e Literatura

(... o caso do dinheiro na cueca)

— Um Haicai:
"Cueca e dinheiro, o outono da ideologia do vil companheiro"

— À moda Machado de Assis:
"Foi petista por 25 anos e 100 mil dólares na cueca"

— À moda Dalton Trevisan:
"PT. Cem mil. Cueca. Acabou."

— À moda concretista:
"PT
cueca
cu
PT
eca
peteca
te
peca
cloaca".

— À moda Graciliano Ramos:
"Parecia padecer de um desconforto moral. Eram os dólares a lhe pressionar os testículos."

— À moda Rimbaud:
"Prendi os dólares na cueca, e vinte e cinco anos de rutilantes empulhações cegaram-me os olhos, mas não o raio-x."

— À moda Álvaro de Campos:
"Os dólares estão em mim já não me sou mesmo sendo o que estava destinado a ser nunca fui senão isto: um estelionato moral na cueca das ideias vãs."

— À moda Drummond:
"Tinha um raio-x no meio do caminho, e agora José?"

— À moda Proust:
"Acabrunhado com todas aquelas denúncias e a perspectiva de mais um dia tão sombrio como os últimos, juntei os dólares e levei-os à cueca. Mas no mesmo instante em que aquelas cédulas tocaram a minha pele, estremeci, atento ao que se passava de extraordinário em mim. Invadira-me um prazer delicioso, isolado, sem noção da sua causa. Esse prazer logo me tornara indiferente às vicissitudes da vida, inofensivos seus desastres, ilusória sua brevidade, tal como o fazem a ideologia e o poder, enchendo-me de uma preciosa essência."

— À moda T. S. Elliot:
"Que dólares são estes que se agarram a esta imundície pelancosa? Filhos da mãe! Não podem dizer! Nem mesmo estimam O mal porque conhecem não mais do que um tanto de ideias fraturadas, batidas pelo tempo. E as verdades mortas já não mais os abrigam nem consolam."

— À moda Lispector:
"Guardei os dólares na cueca e senti o prazer terrível da traição. Não a traição aos meus pares, que estávamos juntos, mas a séculos de uma crença que eu sempre soube estúpida, embora apaixonante. Sentia-me ao mesmo tempo santo e vagabundo, mártir de uma causa e seu mais sujo servidor, nota a nota."

— À moda Lênin:
"Não escondemos dólares na cueca, antes afrontamos os fariseus da social-democracia. Recorrer aos métodos que a hipocrisia burguesa criminaliza não é, pois, crime, mas ato de resistência e fratura revolucionária. Não há bandidos quando é a ordem burguesa que está sendo derribada. Robespierre não cortava cabeças, mas irrigava futuros com o sangue da reação. Assim faremos nós: o dólar na cueca é uma arma que temos contra os inimigos do povo. Não usá-la é fazer o jogo dos que querem deter a revolução. Usá-la é dever indeclinável de todo revolucionário."

— À moda Stálin:
"Guarda a grana e passa fogo na cambada!"

— À moda Gilberto Gil:
"Se a cueca fosse verde como as notas, teríamos resgatado o sentido de brasilidade impregnado nas cores diáfanas de nosso pendão, numa sinergia caótica com o mundo das tecnologias e dos raios que, diferen-

temente dos da baianidade, não são de sol nem das luzes dos orixás, mas de um aparelho apenas, aleatoriamente colocado ali, naquele momento, conformando uma quase coincidência entre a cultura do levar e trazer numerário, tão nacional, tão brasileira quanto um poema de Torquato."

— À moda Ferreira Gullar:
"Sujo, sujo, não como o poema mas como os homens em seus desvios."

— À moda Paulinho da Viola:
"Dinheiro na cueca é vendaval."

— À moda Camões:
"Eis pois, a nau ancorada no porto à espreita dos que virão d'além na cobiça da distante terra, trazendo seus pertences, embarcam minh'alma se aflige tão cedo desta vida descontente."

— À moda Guimarães Rosa:
"Notudo. Ficado ficou. Era apenas a vereda errada dentre as várias."

— À moda Shakespeare:
"Meu reino por uma ceroula!!!"

— À moda Dráuzio Varela:
"Ao perceber na fila de embarque o cidadão à frente, notei certa obesidade mediana na região central. Se tivesse me sentado ao seu lado durante o voo, recomendaria um regime, vexame que me foi poupado pelos agentes da PF de plantão no aeroporto. Cuidado, portanto, nem toda morbidez é obesidade."

— À moda Neruda:
"Cem mil dólares e uma cueca desesperada."

1.3 Intertextualidade explícita

A intertextualidade será explícita quando, no próprio texto, é feita menção à fonte do intertexto, isto é, quando um outro texto ou um fragmento é citado, é atribuído a outro enunciador; ou seja, quando é reportado como tendo sido dito por outro ou por outros generalizados ("Como diz o povo...", "segundo os antigos..."). É o caso das citações, referências, menções, resumos, resenhas e traduções; em textos argumentativos, quando se emprega o recurso à autoridade; e, em se tratando de situações de interação face a face, nas retomadas do texto do parceiro, para encadear sobre ele ou contraditá-lo, ou mesmo para demonstrar atenção ou interesse na interação — neste último caso, funcionando de modo semelhante a um sinal de retroalimentação (*backchanel*). Observe-se as duas citações abaixo, extraídas de Koch (2004):

(1) Mondada (2001) enuncia claramente esta tese, quando propõe substituir a noção 'de referência pela de referenciação e, consequentemente, a noção de referente pela de objeto de discurso:
"A questão da referência é um tema clássico da filosofia da linguagem, da lógica e da linguística: nestes quadros, ela foi historicamente posta como um problema de representação do mundo, de verbalização do referente, em que a forma linguística selecionada é avaliada em termos de verdade e de correspondência com ele (o mundo). A questão da referenciação opera um deslizamento em relação a este primeiro quadro: ela não privilegia a relação entre as palavras e as coisas, mas a relação intersubjetiva e social no seio da qual as versões do mundo são publicamente elaboradas, avaliadas em termos de adequação às finalidades práticas e às ações em curso dos enunciadores.
No interior dessas operações de referenciação, os interlocutores elaboram **objetos de discurso**, i.e., entidades que não são concebidas como expressões referenciais em relação especular com objetos do mundo ou com sua representação cognitiva, mas entidades que são interativamente e discursivamente produzidas pelos participantes no fio de sua enunciação. Os objetos de discurso são, pois, entidades constituídas nas e pelas formulações discursivas dos participantes: é no e pelo discurso que são postos, delimitados, desenvolvidos e transformados objetos de discurso que não preexistem a ele e que não têm uma estrutura fixa, mas que, ao contrário, emergem e se elaboram progressivamente na dinâmica discursiva. Dito de outra forma, o objeto de discurso não remete a uma verbalização de um objeto autônomo e externo às práticas linguageiras; ele não é um referente que teria sido codificado linguisticamente." (p. 9)

(2) Van Dijk, em sua obra *Studies in the Pragmatics of Discourse* (1981), escreve:

"o planejamento pragmático de um discurso/conversação requer a atualização mental de um conceito de ato de fala global. É com respeito a **esse macroato de fala** que ele constrói o propósito da interação: que X quer saber ou fazer algo. Se dissermos de maneira bastante vaga, embora familiar nas ciências sociais, que a ação humana é finalisticamente orientada, estaremos significando que sequências de ações, que [...] são realizadas sob o controle efetivo de uma macrointenção ou plano, encaixado numa macrofinalidade, para um ou mais atos globais. Enquanto tal macroproposição é a representação das consequências desejadas de uma ação [...], a macrointenção ou plano é a representação conceitual do estado final, isto é, do resultado da macroação. Sem um macropropósito e uma macrointenção, seríamos incapazes de decidir qual ato de fala concreto poderia propiciar um estado a partir do qual o resultado pretendido e a meta intencionada poderiam ser alcançados".

Em (1), a autora cita um trecho de uma obra de Mondada (2001), e em (2), um trecho de Van Dijk (1981) para exemplificar uma posição teórica, recorrendo, assim, ao argumento de autoridade para abalizar sua tese. Já de (3) a (6), que são exemplos de interação face a face, pode-se verificar a retomada da fala do parceiro, com finalidades diversas: em (3), para tomá-la como argumento para determinada conclusão; em (4), para desacreditá-la; em (5), para contraditá-la ou mostrar-se ofendido; e, em (6), para protelar a resposta.

(3) — Mãe, o dia ensolarado!
— O dia ensolarado? Então podemos fazer o piquenique que tínhamos combinado.
(4) — Eu não acredito em duendes.
— Eu não acredito em duendes... Quero só ver se isso é mesmo verdade!
(5) — Você não entende nada desse assunto.
— Não entendo nada desse assunto! Por acaso está me chamando de burro?
(6) — Pai, você me leva ao jogo no domingo?
— Ao jogo no domingo? Huum, vou pensar...

Cabe ressaltar que, evidentemente, a entonação em cada uma dessas retomadas não só é significativamente diferente da do enunciado de origem, como varia conforme a função da réplica: adesão, em (3); dúvida/discordância, em (4); contestação, em (5); protelação da resposta, em (6).

1.4 Intertextualidade implícita

Tem-se a intertextualidade implícita quando se introduz, no próprio texto, intertexto alheio, sem qualquer menção explícita da fonte, com o objetivo quer de seguir-lhe a orientação argumentativa, quer de contraditá-lo, colocá-lo em questão, de ridicularizá-lo ou argumentar em sentido contrário. No primeiro caso, verificam-se paráfrases, mais ou menos próximas, do texto-fonte: é o que Sant'Anna (1985) denomina *"intertextualidade das semelhanças"*, e Grésillon e Maingueneau (1984) chamam de *captação*; no segundo, incluem-se enunciados parodísticos e/ou irônicos, apropriações, reformulações de tipo concessivo, inversão da polaridade afirmação/negação, entre outros (*intertextualidade das diferenças*, para Sant'Anna, 1985; *subversão*, para Grésillon e Maingueneau, 1984).

Nos casos de intertextualidade implícita, o produtor do texto espera que o leitor/ouvinte seja capaz de reconhecer a presença do intertexto, pela ativação do texto-fonte em sua memória discursiva, visto que, se tal não ocorrer, estará prejudicada a construção do sentido, mais particularmente, é claro, no caso da subversão. Também nos casos de captação, a reativação do texto primeiro se afigura de relevância; contudo, por se tratar de uma paráfrase, mais ou menos fiel, do sentido original, quanto mais próximo o segundo texto for do texto-fonte, menos é exigida a recuperação deste para que se possa compreender o texto atual (embora, é claro, tal recuperação venha incrementar a possibilidade de construção de sentidos mais adequados ao projeto de dizer do produtor do texto).

Há, também, casos especiais em que tal recuperação se torna altamente indesejável: é aqui que se poderia falar de plágio, como demonstrou Christofe (1996). Isto é, o plágio seria um tipo particular de intertextualidade implícita, com valor de captação, mas no qual, ao contrário dos demais, o produtor do texto espera (ou deseja) que o interlocutor não tenha na memória o intertexto e sua fonte (ou não venha a proceder à sua ativação), procurando, para tanto, camuflá-lo por meio de operações de ordem linguística, em sua maioria de pequena monta (apagamentos, substituições de termos, alterações de ordem sintática, transposições etc.). Assim, o plágio pode ser visto, dentro dessa perspectiva, como o caso extremo da captação.

Já na intertextualidade implícita com valor de subversão, como dissemos, a "descoberta" do intertexto torna-se crucial para a construção do sentido. Por serem as fontes dos intertextos, de maneira geral, trechos de obras literárias, de músicas populares bem conhecidas ou textos de ampla divulgação pela mídia, bordões de programas humorísticos de rádio ou TV, assim como provérbios, frases feitas, ditos populares etc., tais textos-fonte fazem parte da memória coletiva (social) da comunidade, imaginando-se que possam, em geral, ser facilmente acessados por ocasião do processamento textual — embora, evidentemente, não haja nenhuma garantia de que isso venha realmente a acontecer. Os exemplos são extremamente abundantes, por exemplo, na publicidade, na música popular, no humor, na literatura e na mídia em geral. Vejamos alguns exemplos:

(7) O teu cabelo não nega...

INTERTEXTUALIDADE: diálogos possíveis   33

(8) Bom Conselho
(Chico Buarque de Hollanda)

Ouça um bom conselho
Que eu lhe dou de graça
Inútil dormir que a dor não passa
Espere sentado
Ou você se cansa
Está provado, quem espera nunca alcança

Venha, meu amigo
Deixe esse regaço
Brinque com meu fogo
Venha se queimar
Faça como eu digo
Faça como eu faço
Aja duas vezes antes de pensar

Corro atrás do tempo
Vim de não sei onde
Devagar é que não se vai longe
Eu semeio vento na minha cidade
Vou pra rua e bebo a tempestade

Como se vê nesse exemplo, Chico Buarque procede a uma subversão de vários provérbios bem conhecidos. Nesses casos de enunciações de origem desconhecida, como provérbios, frases feitas, ditos populares, que fazem parte da cultura do povo e que se repetem anonimamente através do tempo, a fonte é um enunciador genérico, representante da sabedoria popular, da opinião pública (a "vox populi", a quem Berrendonner (1981) denomina **ON** — em francês, o pronome indefinido *a gente, alguém*). Trata-se de "enunciações-eco" de um número ilimitado de enunciações anteriores, avalizadas por esse enunciador genérico, que é o representante da "vox populi", do saber geral da comunidade no interior da qual aquelas são re-enunciadas, de modo que a recuperação é praticamente certa.

Vejamos, ainda, o texto de Millôr Fernandes (*Veja*, 18/10/2006) transcrito abaixo, em que o autor se serve de um conjunto de ditos populares para montar o seu texto. Aqui fica bem evidente como, inseridos em novo contexto, estes enunciados passam a apontar para um novo sentido, indiciado no título e no lead:

(9) **Tão sincero quanto o medo**
Debate das lideranças (Millôr)

— Dá licença?
— Licença só na Prefeitura.
— Como é que é?
— Sendo.
— Mas como é que vai?
— Aquela coisa.
— E a família?
— Na mesma.
— Mas, fala o que é que há?
— Está pra haver o diabo e você está no meio.
— E quando é que você revela de onde veio o dinheiro?
— No Dia de São Nunca a qualquer hora em ponto.
— Ah, é? E agora?
— Suja na mão e bota fora.
— O que é que você quer dizer com isso?
— Chouriço.
— Mostra, eu quero ver.
— Não tem vista nem revista. Nem nariz de lagartixa.
— Mas que time é o teu?
— Andaraí no seu gramado.
— Jacaré no seco anda?
— Cachorro que late n'água, late enterra.
— Jura?
— Juro como a cabeça da coisa é dura.
— Mas eu pensava.
— Pensando morreu um burro com cangalha e tudo.
— Posso comer?
— O que não mata, engorda.

> — A coisa está feia.
> — Feia só? Feia e meia.
> — É mesmo. Ontem eu vi ela.
> — Viela é um beco sem saída.
> — Que horas são?
> — As mesmas de ontem a essas horas.
> — Então vamo-nos.
> — Vamos nus porém vestidos.
> — Veremos.
> — Isso dizia o cego e nunca viu nada.
> — Então, até o dia 29!
> — Vá com Deus, a paz e o livramento. Se achar um buraco, cai dentro.
>
> (*Veja*, 18/10/2006)

Já em se tratando dos demais tipos de textos-fonte — textos literários, jornalísticos, publicitários, políticos, bordões de programas humorísticos e outros —, o reconhecimento do intertexto é menos garantido, visto que depende da amplitude dos conhecimentos que o interlocutor tem representados em sua memória. A não depreensão do texto-fonte, nesses casos, empobrece a leitura ou praticamente impossibilita a construção de sentidos próximos àqueles previstos na proposta de sentido do locutor.

Um dos exemplos literários de intertextualidade — ora explícita, ora implícita — mais frequentemente citados é a "Canção do Exílio", de Gonçalves Dias, que tem servido de intertexto a uma série de outros textos (de Casimiro de Abreu, Murilo Mendes, Oswald de Andrade, Carlos Drummond de Andrade, Mário Quintana, Dalton Trevisan, Jô Soares, Cacaso, Paulo Mendes Campos, José Paulo Paes e outros, bem como de trechos do Hino Nacional Brasileiro, da Canção do Expedicionário e de outras canções populares), em alguns dos quais temos captação e, em outros, subversão.

São exemplos de captação: os poemas "Canção do exílio", de Casimiro de Abreu, "Nova canção do exílio", de Carlos Drummond de Andrade, trechos do Hino Nacional Brasileiro e da Canção do expedicionário, "Canção do exílio facilitada", de José Paulo Paes, entre outros. Constituem casos de subversão, por exemplo, os poemas "Canção do exílio", de Murilo Mendes; "Canto de regresso à pátria", de Oswald de Andrade; "Canção do exílio", de Cassiano Ricardo; "Nova canção do exílio", de Paulo Mendes Campos; "Canção do exílio", de Dalton Trevisan; "Canção do exílio às avessas", de Jô Soares.

• **Captação:**

Canção do exílio (Gonçalves Dias)

Minha terra tem palmeiras
Onde canta o sabiá
As aves que aqui gorjeiam
Não gorjeiam como lá.

Nosso céu tem mais estrelas
Nossas várzeas têm mais flores
Nossos bosques têm mais vida
Nossa vida mais amores.

Não permita Deus que eu morra
Sem que volte para lá,
Sem que desfrute os primores
Que tais não encontro eu cá,
Sem que'inda aviste as palmeiras
Onde canta o sabiá.

Canção do exílio (Casimiro de Abreu)

Eu nasci além dos mares:
Os meus lares,
Meus amores ficam lá!
— Onde canta nos retiros
Seus suspiros,
Suspiros o sabiá!

▶ Oh! Que céu, que terra aquela,
Rica e bela
Como o céu de claro anil!
Que seiva, que luz, que galas,
Não exalas,
Não exalas, meu Brasil!

Oh! Que saudades tamanhas
Das montanhas,
Daqueles campos natais!
Que se mira,
Que se mira nos cristais!

Não amo a terra do exílio
Sou bom filho,
Quero a pátria, o meu país,
Quero a terra das mangueiras
E as palmeiras
E as palmeiras tão gentis!

Como a ave dos palmares
Pelos ares
Fugindo do caçador;
Eu vivo longe do ninho;
Sem carinho
Sem carinho e sem amor!

Debalde eu olho e procuro...
Tudo escuro
Só vejo em roda de mim!
Falta a luz do lar paterno
Doce e terno,
Doce e terno para mim.

Distante do solo amado
— Desterrado —
a vida não é feliz.
Nessa eterna primavera
Quem me dera,
Quem me dera o meu país!

Hino Nacional Brasileiro
(Joaquim Osório Duque Estrada)

[...]
Do que a terra mais garrida,
Teus risonhos, lindos campos têm mais flores,
Nossos bosques têm mais vida,
Nossa vida, em teu seio, mais amores...
[...]

Canção do Expedicionário

[...]
Por mais terras que eu percorra,
Não permita Deus que eu morra
Sem que volte para lá...
Sem que leve por divisa
Esse V que simboliza a vitória que virá...

Nova Canção do Exílio
(Carlos Drummond de Andrade)

Um sabiá na
palmeira, longe.
Estas aves cantam
um outro canto.
O céu cintila
sobre flores úmidas.
Vozes na mata,
e o maior amor.
Só, na noite,
seria feliz:
um sabiá,
na palmeira, longe.

Onde tudo é belo
e fantástico,
só, na noite,
seria feliz.
(Um sabiá,
na palmeira, longe.)
Ainda um grito de vida e
voltar
para onde tudo é belo
e fantástico:
a palmeira, o sabiá,
o longe.

Ainda Carlos Drummond de Andrade:

> Meus olhos brasileiros se fecham saudosos.
> Minha boca procura a "Canção do Exílio".
> Como era mesmo a "Canção do Exílio"?
> Eu tão esquecido de minha terra... Ai terra
> que tem palmeiras onde canta o sabiá!

• Subversão

Canção do Exílio (Murilo Mendes)

> Minha terra tem macieiras da Califórnia
> Onde cantam gaturamos de Veneza
> Eu morro sufocado em terra estrangeira.
> Nossas flores são mais bonitas
> Nossas frutas são mais gostosas
> Mas custam cem mil réis a dúzia.
> Ai quem me dera chupar uma carambola de verdade
> E ouvir um sabiá com certidão de idade!

Canção do Exílio às avessas (Jô Soares)

> Minha Dinda tem cascatas
> Onde canta o curió,
> Não permita Deus que eu tenha
> De voltar pra Maceió...
> Minha Dinda tem coqueiros
> Da ilha de Marajó
> As aves, aqui, gorjeiam
> Não fazem cocoricó... (Veja, 18/10/2006)

Cassiano Ricardo:

> Esta saudade que fere
> mais do que as outras quiçá,
> Sem exílio nem palmeira
> onde cante um sabiá...

Oswald de Andrade:

> Minha terra tem Palmares
> onde gorjeia o mar
> os passarinhos daqui
> não cantam como os de lá
> Minha terra tem mais rosas
> E quase que mais amores
> minha terra tem mais ouro
> minha terra tem mais terra
> Quero terra amor e rosas
> Eu quero tudo de lá
> Não permita Deus que eu morra sem que volte para lá
> Não permita Deus que eu morra sem que volte para São Paulo
> sem que veja a rua 15
> E o progresso de São Paulo

Nova Canção do Exílio (Paulo Mendes Campos)

> Minha terra tem palmeiras
> Onde canta o sabiá
> Mas meu rabicho é Paris
> Onde sabiá não dá.
> [...]
> Minha terra tem mansão
> Onde canta o carcará
> Tem rede do Maranhão
> Pra bem-bom de marajá.
>
> Minha terra tem jardim
> Onde canta Ali Babá
> Vou dar uma de Aladim
> Nos haréns de Bagdá.
>
> Minha terra tem coqueiros,
> Sabiá já foi pro brejo
> Brasileiras, brasileiros,
> Daqui vou pro Alentejo!

> Adeus, primeiro de abril!
> Adeus, heróis do Brejal!
> Vou enfiar o Brasil
> Nesse trem de Portugal!
>
> (*Jornal do Brasil*, 16/10/1988)

Canção do Exílio (Dalton Trevisan)

Não permita Deus que eu morra
Sem que daqui me vá
Sem que diga adeus ao pinheiro
Onde já não canta o sabiá
Morrer ó supremo desfrute
Em Curitiba é que não dá

Castigo bastante é viver em Curitiba
Morrer em Curitiba que não dá
Não permita Deus
A não ser bem longe daqui
Mais prazeres encontro eu lá

Não permita Deus
Sem que daqui me vá
Minha terra já não tem pinheiro
O sabiá não canta mais
Perdeu as penas enterrou no peito o bico afiado
De sangue tingiu a água sulfurosa do rio Belém
Ao último pinheiro

Em Curitiba é que não dá
Não permita Deus que eu morra
Sem que daqui me vá
Nunca mais aviste os pinheiros
Onde já não canta o sabiá

(In: *Pão e sangue*, Ed. Record, 1988)

Outra Canção do Exílio (Eduardo Alves da Costa)

Minha terra tem Palmeiras,
Corinthians e outros times
De copas exuberantes
Que ocultam muitos crimes

E cismar sozinho, ao relento,
Sob um céu poluído, sem estrelas,
Nenhum prazer tenho eu cá;
Porque me lembro do tempo
Em que livre na campina
Pulsava meu coração, voava,
Como livre sabiá; ciscando
Nas capoeiras, cantando
Nos matagais, onde hoje a morte
Tem mais flores, nossa vida

Mais terrores, noturnos,
De mil suores fatais
[...]
Não permita Deus que eu morra
Pelo crime de estar atento;
E possa chegar à velhice
Com os cabelos ao vento
De melhor momento.
Que eu desfrute os primores
Do canto do sabiá,
Onde gorjeia a liberdade
Que não encontro por cá.

Lance! Domingo, 13 de junho de 2004.

CAPÍTULO 2

O *DÉTOURNEMENT*

Acreditamos que a noção de *détournement* — termo que, na falta de uma tradução que nos pareça satisfatória, preferimos manter no original — tal como formulada por Grésillon e Maingueneau (1984), se ampliada, seria capaz de subsumir grande parte dos casos de intertextualidade implícita. Segundo esses autores, "o *détournement* consiste em produzir um enunciado que possui as marcas linguísticas de uma enunciação proverbial, mas que não pertence ao estoque dos provérbios reconhecidos" (p. 114). Preconizam eles a existência de um *détournement* de tipo *lúdico*, simples jogos com a sonoridade das palavras, como aqueles que as crianças — mas não só elas — gostam de inventar, que não estejam a serviço de uma manobra política ou ideológica, a par de outro, de tipo *militante*, que visa a dar autoridade a um enunciado (captação) ou a destruir aquela do provérbio em nome de interesses das mais diversas ordens (subversão). Aqui, pois, o objetivo é levar o interlocutor a ativar o enunciado original, para argumentar a partir dele; ou então, ironizá-lo, ridicularizá-lo, contraditá-lo, adaptá-lo a novas situações, ou orientá-lo para um outro sentido, diferente do sentido original. Os autores reconhecem que essa distinção coloca problemas de fronteira, mas acreditam que possui valor operatório. Somos de opinião, contudo, que todo e qualquer exemplo de *détournement* é "militante" em maior ou menor grau, visto que ele sempre vai orientar a construção de novos sentidos pelo interlocutor.

Gostaríamos de postular, portanto, a extensão desse conceito às diversas formas de intertextualidade nas quais ocorre algum tipo de alteração — ou adulteração — de um texto-fonte (que, no entanto, é importante que seja reconhecido, salvo nos casos de plágio a que nos referimos acima), visando à produção de sentidos. Entre tais alterações, ou *operações de retextualização* (cf. Marcuschi, 2000; Travaglia, 2003), podem-se mencionar as seguintes, muitas delas exaustivamente examinadas por Frasson (1991), obra da qual tomo a liberdade de emprestar alguns dos exemplos que seguem. Para formalizar as análises, vamos recorrer à Teoria da Enunciação de Oswald Ducrot,[1] cujos rudimentos apresentamos a seguir:

Ducrot (1980, 1984), em sua teoria polifônica da enunciação, postula a existência, no interior de cada discurso, de pelo menos dois enunciadores, E1 e E2, que representam, encenam perspectivas, ângulos, pontos de vista diferentes a um dos quais o locutor (L) adere. Ou seja, sob a voz de um único locutor, fazem-se ouvir outras vozes, uma das quais é endossada pelo locutor. Vejamos como esta teoria se aplica aos casos de retextualização de provérbios, frases feitas, ditos e canções populares, poemas, canções e adágios amplamente conhecidos, quando E1 representa o enunciador genérico (ON), e E2, o enunciador que contradiz o texto-fonte, e ao qual o locutor adere ao proceder à retextualização:

- substituição:

    a) de fonemas:

    E1 : "Prepare-se para levar um susto."

    E2: "Prepare-se para levar um surto." (matéria relativa ao tema "Não jogue lixo nas ruas", com o qual a MPM Propaganda participou

---

1. A teoria polifônica de Ducrot vem sofrendo uma série de alterações/complementações. Contudo, para os fins desse trabalho, optamos por trabalhar com a versão original, que melhor atende aos nossos objetivos.

INTERTEXTUALIDADE: diálogos possíveis 47

Não jogue lixo nas ruas

PREPARE-SE PARA LEVAR UM SURTO.

NÃO EXISTE NENHUM MICKEY OU JERRY ENTRE OS 100 MILHÕES DE RATOS QUE SE ALIMENTAM DO LIXO JOGADO NAS RUAS DE SÃO PAULO DIARIAMENTE. EM COMPENSAÇÃO, EXISTEM ALGUNS PERSONAGENS QUE VOCÊ NUNCA VIU NOS DESENHOS DE TV.
SALMONELAS, COLIFORMES, ESTAFILOCOCOS, STREPTOCOCUS E OUTROS QUE, EM VEZ DE DIVERTIR VOCÊ, CAUSAM DOENÇAS COMO O TIFO, MENINGITE, HEPATITE, LEPTOSPIROSE, DERMATOSES, DIFTERIA E MUITAS OUTRAS.
CADA VEZ QUE VOCÊ JOGA LIXO NAS RUAS, OS RATOS FICAM MAIS FORTES, GRAÇAS A ESSE BANQUETE.
ENTÃO, SAÚDE PARA VOCÊ.

Nome: MPM Propaganda
Nº de funcionários: 800
Nº de clientes: 200
Receita em 87: Cr$ 1.057 bilhão
Posição no ranking: 1º lugar

de concurso promovido pelo jornal "Folha de São Paulo" sobre "Os maiores pecados do brasileiro", tendo obtido o primeiro lugar).

E1: "Penso, logo existo."
E2: "Penso, logo hesito." (Luis Fernando Verissimo, "Mínimas")

b) de palavras:

E1: "Quem vê cara, não vê coração."
E2: "Quem vê cara não vê Aids."
(*Veja*, 17/2/1988, propaganda do Ministério da Saúde).

E2': "Quem vê cara não vê falsificação."
(*Veja*, 16/3/1988, publicidade dos relógios Citizen)

E1: "Até que a morte os separe."
E2: "Até que a bebida os separe."
(*Veja*, 18/7/1988, mensagem da AAA).

E1: "Quem espera sempre alcança."
E2: "Quem espera nunca alcança."
(Chico Buarque, "Bom Conselho")

- acréscimo:

a) de formulação adversativa:

E1: "Devagar se vai ao longe."
E2: "Devagar se vai ao longe, mas leva muito tempo."

E1: "O amor é cego."
E2: "O amor é cego. Mas tem o olfato superdesenvolvido."
(Publicidade da Aqua de Fiori)

E1: "É pau. É pedra. É o fim do caminho."
E2: "É pau. É pedra. Mas não é o fim do caminho."
(*Veja*, 25/5/1988, anúncio da Coca-Cola).

b) outros tipos de acréscimo:

E1: "A preguiça é a mãe de todos os males."
E2: "A preguiça é a mãe de todos os males que não requerem muito esforço."
(Luis Fernando Verissimo, "Todo o Mal", *Veja*, 22/7/1987)

c) por inversão da polaridade afirmação/negação:

E1: "Devagar se vai ao longe."
E2: "Devagar é que não se vai longe."
(Chico Buarque, "Bom Conselho")

E1: "Quem vê cara, não vê coração."
E2: "O Instituto de Cardiologia não vê cara, só vê coração."
(*Zero Hora*, 7/10/1990, propaganda do Instituto de Cardiologia do Rio Grande do Sul).

- supressão:

E1: "Para bom entendedor, meia palavra basta."
E2: "Para bom entendedor, meia palavra bas."
(Luis Fernando Verissimo, "Mínimas")

E1: "O que os olhos não veem, o coração não sente."
E2: "O que os olhos veem o coração sente."
(*Veja*, Suplemento Publicitário, publicidade de Brinquedos Estrela)

E2': "O que os olhos veem o coração sente."

(*A Razão*, 5/6/1991, publicidade do Clube dos Lojistas, sugerindo a compra de presentes para o Dia dos Namorados).

• transposição:

E1: "Pense duas vezes antes de agir."
E2: "Aja duas vezes antes de pensar."
(Chico Buarque, "Bom Conselho")

E1: "Mais vale um pássaro na mão do que dois voando."
E2: "Mais vale um pássaro voando do que dois na mão."
(Campanha ecológica "Respeite a Natureza", veiculada pelo *Zero Hora*, em 13/6/1989)

E2': "Mais vale um passarinho na mão do que dois tucanos."
(*Veja*, 2/10/1991, Jô Soares, "Provérbios do Planalto").

Como se pode verificar, a partir dos exemplos apresentados, o *détournement* envolve, em grande parte dos casos de subversão, uma contradição ao texto-fonte, por intermédio da negação de uma parte ou do todo, pelo apagamento da negação que aquele encerra, ou, ainda, pelo acréscimo de expressões adversativas. Por meio destas formas de retextualização, isto é, de transformação de um texto em outro, como vimos no capítulo anterior, operam-se, portanto, diversos tipos de *détournement*, entre os quais se podem mencionar:

a) *détournement* de provérbios, frases feitas, títulos de filmes, muito frequente, por exemplo, na publicidade, no humor, na música popular, em "charges" políticas etc. Além de todos os exemplos anteriormente apresentados, como também dos textos humorísticos (irônicos) "Provérbios do Planalto", de Jô Soares, publicado na Revista *Veja* e "Mínimas", de Luís Fernando Verissimo (anexos), que exemplificam todos os tipos de *détournement* aqui descritos, vejam-se, ainda, os seguintes:

E1: "O paciente inglês" (nome de um filme que estava sendo exibido na época.)

E2: "O impaciente francês" (em publicidade de um carro da Renault, apresentada em outdoors).

E1: "No Dia das Mães, dê um presente X."

E1: "Mãe só tem uma."

E2: "No Dia das Mãos, dê um anel Dreysun. Afinal, mãos só tem duas" (anúncio da Joalheria Dreysun, publicada na revista *Veja*, por ocasião do Dia das Mães).

b) *détournement* de textos ou títulos de textos literários — frequente não só na publicidade e na propaganda, mas também em outros textos literários. Além da "Canção do exílio", outro texto que tem sido frequentemente objeto de *détournement* é o poema "Vou-me embora pra Pasárgada", de Manuel Bandeira, como no exemplo abaixo:

E1: " Vou-me embora pra Pasárgada

Lá sou amigo do rei..."

(Manuel Bandeira)

E2: "Fui-me embora de Pasárgada...

(Lá tem amigos do rei <u>DEMAIS</u>)"

(Charge de Negreiros, publicada no jornal *O Estado de S. Paulo*, de 10/5/1988, em que aparece a ministra Zélia Cardoso de Mello, com uma trouxa no ombro, em atitude de retirada).

Os exemplos são numerosos, podendo-se, ainda, citar os seguintes:
- um conjunto de textos publicitários da *Herbitécnica*, publicados por um certo tempo na Revista *Veja*, em que o título se contrapõe à figura e ao corpo do texto, dando margem à argumentação a favor do uso do herbicida em questão, entre os quais destacarei os que seguem:

Os Sertões

Era uma vez os sertões.
Estão plantando no cerrado da Bahia, de Goiás, nos sertões de Mato Grosso, nos confins do Pará.
Estão abrindo estradas e cidades, criando empregos para a nossa gente e riqueza para o país.
Precisam de herbicidas, sim, principalmente eles precisam de herbicidas. Ou vamos deixar que lutem sozinhos? O mato dos sertões é, antes de tudo, um forte.
Há 15 anos, fomos pioneiros na pesquisa e produção de soluções nossas para nossos problemas - para não deixar sozinhos os brasileiros que plantem desde arroz na várzea gaúcha até couve-flor no Nordeste.
Hoje somos a maior empresa nacional no ramo de defensivos, graças à certeza de que o futuro sempre está, antes de tudo, na terra.
    Estão colhendo nos sertões.

Rua Brigadeiro Luis Antonio, 299 - Fone: (0432) 23-2626 - Londrina - PR

Olhai os Lírios do Campo

Mas o milho também tem flores, que a gente da cidade nem vê — e tem espigas que todo mundo come no campo e na cidade, seja na forma de carne, leite, ovo, ou de centenas de produtos industrializados.

Por isso, certas flores têm de morrer no campo: o mato, quando flore, é porque já abafou a plantação. O herbicida evita que as flores virem sementes para mais mato. E as flores que anunciam os frutos também atraem insetos.

Então é preciso olho vivo e, na horta certa, inseticida para que os insetos não virem praga.

Herbicida ou inseticida, o importante é que seja solução nossa para nossos problemas.

Pioneiros na criação de alternativas nacionais em defensivos, hoje temos soluções que aplicadas com técnica e assistência, garantem a colheita sem agressões à natureza ou à consciência.

Afinal, nós não comemos flores.

HERBITÉCNICA

Rua Brigadeiro Luis Antonio, 299 - Fone: (0432) 23-2626 - Londrina - PR

Cabe aqui questionar se, quando se tem um novo texto, com o mesmo título, trata-se de intertextualidade implícita ou de intertextualidade explícita, garantida pelo título, embora sem a menção do autor. Nesse caso, o título garantirá o acessamento do intertexto, desde que esteja presente na memória discursiva (repertório) do interlocutor, o que nos leva a optar por considerá-lo como exemplo de intertextualidade explícita, quer em termos de captação, quer de subversão. Um bom exemplo é a "Canção do exílio facilitada", de José Paulo Paes, exemplo magistral de redução e de criatividade:

Canção do Exílio Facilitada (José Paulo Paes)

lá?
ah!
sabiá...
papá...
maná...
sofá...
sinhá...
cá?
bah!

c) *détournements* de provérbios, frases feitas, clichês, slogans, passagens bíblicas etc., em enunciados do tipo concessivo (operações de contrajunção), por meio de adjunções, como no exemplo "Devagar se vai ao longe, mas leva muito tempo", mencionado anteriormente, extraído do texto "Mínimas", de Luis Fernando Verissimo, ao lado de outros que apresento a seguir:

"Os últimos serão os primeiros, mas só em caso de retirada."

"A mentira tem pernas curtas, mas, ultimamente, as costas quentes."

"É mais fácil um camelo passar pelo olho de uma agulha do que um rico entrar no reino do céu sem subornar o porteiro."

Vejam-se, também, os exemplos a seguir, veiculados pela Internet:

> Água mole em pedra dura
> Tanto bate até que desiste...
>
> Devagar se vai a canto nenhum.
>
> Os últimos chegarão atrasados.
>
> Quem com ferro fere é porque não achou outro metal.
>
> Filho de peixe é alevino.
>
> Urubu quando tá de azar
> Não aposta na mega-sena.
>
> Terreiro onde mulher manda,
> Até o galo se veste de cor-de-rosa.
>
> Diga-me com quem andas,
> E eu prometo que não digo a mais ninguém.

d) *détournements* de hinos e canções populares:

O Hino das Marcas

> Num Posto da Ipiranga, às margens plácidas,
> De um Volvo heróico Brahma retumbante
> Skol da liberdade em Rider fúlgido
> Brilhou no Shell da Pátria nesse instante
> Se o Knorr dessa igualdade
> Conseguimos conquistar com braço Ford
> Em teu Seiko, ó liberdade
> Desafia nosso peito à Microsoft.
> O Parmalat, Mastercard, Sharp, Sharp
> Amil um sonho intenso, um rádio Philips
> De amor a Lufthansa à terra desce
> Intel formoso céu risonho Olympikus
> A imagem do Bradesco resplandece
> Gillete pela própria natureza
> És belo Escort impávido colosso
> E o teu futuro espelha essa Grendene
> Cerpa gelada!

> Entre outras mil é Suvinil, Compaq Armada.
> Do Philco deste Sollo és mãe Doril
> Coca Cola, Bombril!
>
> (Autor desconhecido)

e) *détournements* de fábulas tradicionais

A raposa e as uvas

Morta de fome, uma raposa foi até o vinhedo sabendo que ia encontrar muita uva. A safra havia sido excelente. Ao ver a parreira carregada de cachos enormes, a raposa lambeu os beiços. Só que sua alegria durou pouco: por mais que tentasse, não conseguia alcançar as uvas. Por fim, cansada de tantos esforços inúteis, resolveu ir embora, dizendo:

— Por mim, quem quiser essas uvas pode levar. Estão verdes, estão azedas, não me servem. Se alguém me desse essas uvas, eu não comeria.

MORAL: Desprezar o que não se consegue conquistar é fácil. (*Fábulas de Esopo*. Compilação de R. Ash e B. Higton, trad. de H. Jahn. São Paulo: Companhia das Letras, 1997, p. 68)

A raposa e as uvas

De repente, a raposa, esfomeada e gulosa, fome de quatro dias e gula de todos os tempos, saiu do areal do deserto e caiu na sombra deliciosa do parreiral que descia por um precipício a perder de vista. Olhou e viu, além de tudo, a altura de um salto, cachos de uva maravilhosos, uvas grandes, tentadoras. Armou o salto, retesou o corpo, saltou, o focinho passou a um palmo das uvas. Caiu, tentou de novo, não conseguiu. Descansou, encolheu mais o corpo, deu tudo o que tinha, não conseguiu nem roçar as uvas gordas e redondas. Desistiu, dizendo entre dentes, com raiva: "Ah, também, não tem importância. Estão muito verdes". E foi descendo, com cuidado, quando viu à sua frente uma pedra enorme. Com esforço, empurrou a pedra até o local em que estavam os cachos de uva, trepou na pedra, perigosamente, pois o terreno era irregular e havia o risco de despencar, esticou a pata e... conseguiu! Com avidez colocou na boca quase o cacho inteiro. E cuspiu. Realmente as uvas estavam muito verdes!

MORAL: A frustração é uma forma de julgamento tão boa como qualquer outra. (Millôr Fernandes, *Fábulas fabulosas*, São Paulo: Círculo do Livro, 1976, p. 126)

Como se pode ver, os *détournements* têm sempre valor argumentativo, em grau maior ou menor. Interessante é notar, também, que, com base no mesmo intertexto, é possível muitas vezes argumentar em sentidos opostos. É claro que, sendo o mesmo texto-fonte inserido em dois contextos diferentes, um em que há captação, outro em que ocorre a subversão, a orientação argumentativa será diferente. Contudo, ela poderá ser também diferente em se tratando de dois casos de subversão. Tudo vai depender, evidentemente, do contexto mais amplo em que o texto que sofreu o *détournement* se encontra inserido, tanto do cotexto, quanto do entorno visual (ilustrações, gráficos, charges etc.), ou, ainda, do contexto situacional imediato ou mediato.

Observemos os exemplos a seguir:

INTERTEXTUALIDADE: diálogos possíveis 59

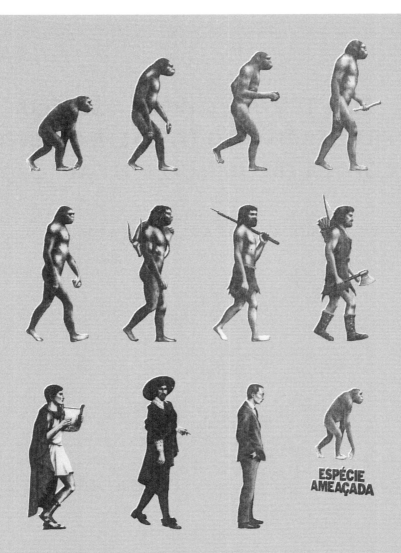

Nós trabalhamos com idéias. As idéias não têm cheiro, mas algumas são percebidas de longe. As idéias não têm tamanho, mas algumas ocupam bibliotecas. As idéias não têm duração, mas algumas não morrem jamais. Nós trabalhamos com algumas idéias. Idéias que entrem por um ouvido e não saiam pelo outro. Idéias que acendam a imaginação. Idéias que sensibilizem as pessoas e logo se transformem em ações.

A Caio Comemora Os Próximos 10 Anos.

É um perigo trabalhar com idéias. Tem gente que morre de medo. Mas quando a idéia é boa, consistente e cheia de graça, a maioria gosta que se enrosca. E nós ficamos recompensados. Há 10 anos que estamos nesta luta e quase não temos reclamações. Felizmente, enquanto houver homens, macacos e outros bichos na face da terra, haverá idéias. Melhor que uma boa idéia, só outra idéia melhor.

Caio Domingues & Associados Publicidade

Folha de S.Paulo, p. 2, 24 de fevereiro de 1999.

Convém lembrar, contudo, que existem também casos de intertextualidade implícita sem *détournement*, isto é, em que, a partir do texto original, constrói-se um novo texto, que se insere em um outro contexto, isto é, o texto primeiro "conta-se de novo", para permitir a construção de novos sentidos, como escreve Rubem Alves no texto "A aldeia que nunca mais foi a mesma", publicado na coluna Ciência e Sociedade, da *Folha de S.Paulo*, de 19/4/1984, que "reconta" o conto de Gabriel Garcia Marques, "O afogado mais bonito do mundo".

Isto é, a primeira parte do texto de Rubem Alves "conta de novo", como diz o próprio autor em *post scriptum*, o conto de Garcia Marques. Na segunda parte, porém, em que ele passa da narrativa ao comentário (cf. Weinrich, 1964), faz-se sentir claramente a autoria de Rubem Alves, ao compor o seu artigo com recurso à intertextualidade e a fatos do conhecimento comum da nossa sociedade. Só assim consegue-se hipotetizar sobre a identidade do "morto" de que o texto fala e do papel da narrativa com a qual o texto — explicitamente — estabelece relações intertextuais.

Transcrevemos aqui alguns trechos do texto de Rubem Alves, nos quais se pode verificar a semelhança com o texto original **(anexos)**, bem como, ainda, vários casos de intertextualidade com canções populares famosas.

> Não, não é à toa que conto esta estória. Foi quando eu soube da morte — ela cresceu dentro de mim. Claro que eu já suspeitava: os cavalos de guerra odeiam crianças, e o bronze das armas odeia canções, especialmente *quando falam de flores*, e não se ouve o ruflar lúgubre dos tambores da morte. Foi naquele dia, fim de abril, o mês do céu azul e do vento manso. Eu sabia da morte, mas havia em mim um riso teimoso, desafio, como se algo tivesse nascido, mais forte que o carrasco, esperança, visão de coisas que eu não sabia vivas. Foi então que me lembrei da estória. Não, foi ela que se lembrou de mim, e veio, para dar nome aos meus sentimentos, **e se contou de novo**. Só que agora os rostos anônimos viraram rostos que eu vira, *caminhando, cantando, seguindo a canção*, risos que corriam *para ver a banda passar contando coisas de amor*, os rojões, as buzinas, sinfonia que se tocava, sobre a desculpa de um morto.

CAPÍTULO 3

INTERTEXTUALIDADE INTERGENÉRICA E INTERTEXTUALIDADE TIPOLÓGICA

3.1 A intertextualidade intergenérica

As práticas sociais de que participamos determinam a existência de gêneros do discurso, com forma composicional, conteúdo temático, estilo, circunstâncias de uso e propósito comunicativo próprios (Bakhtin, 1953; Swales, 1990; 1994: Bhatia, 1997, entre outros). Os exemplares de cada gênero, evidentemente, mantêm entre si relações intertextuais no que diz respeito à forma composicional, ao conteúdo temático e ao estilo, permitindo ao falante, devido à familiaridade com elas, construir na memória um *modelo cognitivo de contexto* (Van Dijk, 1994; 1997), que lhe faculte reconhecê-los e saber quando recorrer a cada um deles, usando-os de maneira adequada. É o que se tem denominado competência metagenérica.

Segundo Van Dijk, os modelos cognitivos de contexto contêm os parâmetros relevantes da interação comunicativa e do contexto social. São eles que definem a relevância de cada discurso nos vários contextos e, portanto, também a atenção que lhe deve ser dada e o modo como a informação deve ser processada.

Os modelos de contexto, portanto, são usados para monitorar os eventos comunicativos. Eles representam as intenções, propósitos, objetivos, perspectivas, expectativas, opiniões e outras crenças dos interlocutores sobre a interação em curso ou sobre o texto que está sendo lido ou escrito, bem como sobre propriedades do contexto tais como tempo, lugar, circunstâncias, condições, objetos e outros fatores situacionais que possam ser relevantes para a realização adequada do discurso (Van Dijk, 1994, p. 6). Encerram todo o conhecimento sociointeracional mobilizado nos diversos contextos interacionais, inclusive o conhecimento relativo ao formato, estilo e tipo de conteúdo dos diversos gêneros textuais e sua adequação aos múltiplos tipos de práticas sociais. São, portanto, "a contínua e quotidiana 'aplicação' à situação comunicativa em curso de uma teoria totalmente rudimentar e ingênua da comunicação e da interação" (1994: 11), tendo um papel crucial na produção e compreensão dos textos.

É bastante comum, todavia, que, no lugar próprio de determinada prática social ou *cena enunciativa* (Maingueneau, 2001) se apresente(m) gênero(s) pertencentes a outras molduras comunicativas, evidentemente com o objetivo de produzir determinados efeitos de sentido. Para tanto, o produtor do texto conta com o conhecimento prévio dos seus ouvintes/leitores a respeito dos gêneros em questão. É a intergenericidade ou intertextualidade (inter)genérica, denominada também por Marcuschi (2002) de *configuração híbrida*, ou seja, um gênero que exerce a função de outro, o que revela "a possibilidade de operação e maleabilidade que dá aos gêneros enorme capacidade de adaptação e ausência de rigidez" (p. 31). É muito comum, por exemplo, o uso de fábulas, contos infantis, cartas etc. em colunas opinativas de jornais, bem como em gêneros de caráter parodístico, irônico e/ou argumentativo, inclusive as charges políticas. Vejam-se os exemplos a seguir:

Petição ao presidente (Clóvis Rossi)

> SÃO PAULO – Caríssimo presidente, é com enorme constrangimento que lhe escrevo esta carta, a pedido de minha filha. Ela se entusiasmou com a informação de que o seu governo prepara-se para dar socorro finan-

ceiro a alguns bancos (sem falar na redução de impostos) e passou a achar que tem o mesmo direito.

Alega que acaba de nascer seu segundo filho e que as despesas inevitáveis vão deixá-la "na maior dureza". Tentei argumentar que esse linguajar é inadequado. Se ela ao menos dissesse que está passando por "uma crise de liquidez", como certos bancos, seria mais facilmente atendida. Mas não adianta, presidente. O linguajar da moçada de hoje é esse mesmo.

Também procurei demonstrar que o pedido dela é injusto. Afinal, ela é professora, profissão que, no Brasil, como o senhor bem sabe, goza de salários elevadíssimos e privilégios sem conta.

Já os bancos, coitados, estão sofrendo muito. Só os nove maiores grupos privados tiveram, em 1993, um lucro líquido de apenas US$ 1 bilhão. Como conseguem fazer para sobreviver é algo que não entendo.

Mas minha filha definitivamente não tem a mesma consciência social e argumentou: "Se os bancos podem, eu também posso. Afinal, a lei é igual para todos".

Não sei onde ela aprendeu conceitos tão subversivos, meu Deus. Deve ter sido algum professor de esquerda, desses empenhados em destruir os pilares da organização social e política brasileira.

Só falta agora essa menina pretender passar pela alfândega se a revisão de bagagem de praxe, justo no seu governo, presidente, que nesse ponto, é da maior inflexibilidade, não é?

Por mais que argumentasse, não consegui demovê-la. Por isso, estou sendo obrigado a enviar-lhe esta carta. Só o faço porque tenho certeza de que o senhor está em posição de me entender. Sabe, melhor do que ninguém, que coração de pai é como o seu governo em relação aos bancos: absolutamente incapaz de resistir ao menor pranto.

Certo de sua compreensão, aguardo um socorro tão rápido quanto o que está para ser concedido aos bancos. (*Folha de S.Paulo*, 20/09/1999, Caderno Opinião)

Carta de um estômago (Josias de Souza, *Folha de S.Paulo*)

SÃO PAULO — Sei que o senhor não me conhece, presidente. Pois permita que me apresente. Moro onde olho nenhum me alcança, no ermo das entranhas. Sou ferida exposta que não se vê. Sou espaço baldio entre o esôfago e o duodeno.

> Trago das origens uma certa vocação para a tragédia. Não deve ser por outra razão que venho do grego: "stómachos". Se pudesse dar entrevista, resumiria assim o oco de minha existência: "É dura a vida de víscera."
> Às vezes, presidente, invejo o coração que, quando sofre, é de amor. Eu, pobre tripa flagelada, jamais tive tempo para sentimentos abstratos. Perdoe-me o pragmatismo estomacal. Mas só tenho apreço pelo concreto: o feijão, o arroz, a carne... Meu projeto de vida sempre foi arranjar comida.
> Às vezes, veja o senhor, cobiço a cabeça. Quisera me fosse dado revisitar glórias passadas ou, melhor ainda, idealizar um futuro promissor. Quisera não tivesse que dançar ao ritmo da emergência.
> Meu mundo cabe no intervalo entre uma refeição e outra. Meu relógio, caprichoso, só tem tempo para certas horas: a hora do café, a hora do almoço, a hora do jantar... Sem comida, senhor presidente, meu relógio ficou louco. Passou a anunciar a chegada de cada novo segundo aos gritos.
> Nunca tive grandes ambições. Não quero dormir com a Sheila do Tchan. Não quero ganhar a Sena acumulada. Só queria a solidariedade de uma cesta básica, a compaixão de um grão escorregando faringe abaixo.
> Ardem-me as paredes, bombardeadas por jatos de suco gástrico. Mas já não sofro, presidente. Sem alimento desde junho, encontrei a paz na melancolia da fome. O ajuste fiscal levou-me à antessala de outra esfera.
> Escrevo para dizer-lhe obrigado. Estou prestes a trocar o inferno do sertão pelo paraíso. E, temente a Deus, sei que Ele não se atreverá a pôr em meu céu um novo FHC, mais um Malan, outro FMI. Não, não. Meu céu há de ser uma cozinha como a do Alvorada, tão farta que me propicie uma fome de rico, dessas que a gente resolve simplesmente abrindo a geladeira. (*Folha de S.Paulo*, 20 set. 1999)

Seguem-se mais alguns exemplos de "configurações híbridas", em que se pode verificar o quanto a mobilização do contexto sociocognitivo é essencial para a detecção da ironia, da crítica, do humor e, portanto, para a construção de um sentido consentâneo com a proposta de dizer do produtor do texto. Caberá ao nosso leitor fazer um exercício para descobrir todos os intertextos neles presentes e checar a extensão de seu repertório.

Charges (*Folha de S.Paulo*, p. 2)

FERNANDO BONASSI
Uma casa muito engraçada

Era uma casa muito engraçada, com certas contas que "ninguém" pagava. Alguns podiam dormir ali, porque os quartos eram fartos como os fatos sem apuração em que se metiam na calada da noite e no silêncio da contravenção.

Era uma casa de tradição, mas muito agitada pelos "movimentos atípicos" nas contas dos empregados e na cintura das meninas contratadas para dar um trato nas visitas espalhadas por debaixo dos tapetes.

Era uma casa muito tarada, onde a coisa púbica se eriçava enquanto a coisa pública era fatiada e loteada como abacaxi. Não se podia fazer xixi, porque ou bem se urinava ou se comiam outras guloseimas apetitosas na casa escandalosa. Além do mais, banheiro não havia ali, pois, se houvesse, perceberiam todos o cheiro de certas iniciativas de privada, já que as mãos bobas estavam muito bem enterradas sem licitação nos fundos da pensão.

Era igualmente uma casa sem recepção, onde os documentos eram conferidos com desatenção, tudo em desrespeito às boas causas das famílias em questão, normalmente as últimas a saber e em tom de pilhéria, como de resto os coitados encurralados pela miséria.

Era grande como uma dessas "casas grandes" cujo assoalho se assenta na senzala e o sinhozinho nos pescoços dos pretos abatidos pelo trabalho mais mesquinho.

Era uma casa muito queimada, onde os bombeiros concursados para salvar vinham apagar um fogo dos infernos nos diabos excitados em posições dantescas.

Era uma casa gigantesca, muito maior do que as minúsculas expectativas da maioria. Era, além disso, uma casa muito vazia, de forma que nela as barrigas esfomeadas não precisariam se amontoar num único cômodo incômodo, dividindo os roncos, o cheiro e os piores desejos com que se esfregam nesses quartos de despejo. Aliás, as melhores intenções eram dissipadas por quereres atendidos, conselhos vendidos e pelo vento dos ventiladores recondicionados, diante dos quais dançavam e se jogavam às gargalhadas o produto da contradição.

Era uma casa de ocasião, alugada para dar um teto e um chão a quem queria um braço estendido sobre o patrimônio da população.

Era uma casa muito manjada, onde os palhaços riam da desgraça que grassava em torno do picadeiro; uma casa cheia de dinheiro, como as malas recheadas dos doleiros que viajam para Pasárgada.

Era uma casa muito encantada, onde as mais ingênuas fantasias eram realizadas por fadinhas da pesada; uma casa muito falada, onde o sigilo não valia nada e a massa ignara era amassada como pizza de marmelada.

Era uma casa muito segura, onde a polícia não investigava quem entrava, mas fichava quem ralava, submetendo-os à escravidão dos funcionários usados para limpar a sujeira dos desencargos da traseira dos mandatários.

Era uma casa cheia de suspense, coberta de mistérios, acobertando adultérios e cantadas passadas como recados astutos entre executivos prostitutos. Era portanto um tanto uma casa de campo, onde os jogadores faziam longos lançamentos contábeis com as boladas recebidas ou roubadas nas suas próprias áreas de conhecimento. Era uma casa de areia e de cimento mas também era uma casa de sevícias e lamentos, onde os convivas viciosos choravam o leite derramado pelo meio dos seios esplêndidos das garotas em que mamavam.

Era uma casa muito amena, as encomendas podiam ser loiras, ruivas ou morenas, mas eram as verdes estrangeiras as preferidas pelos pais da pátria que caíam de quatro em comoção cívica.

Era uma casa muito da cínica, como se fosse uma falsa casa de vila, em que verdadeiras mulheres dadeiras vinham providenciar aconchego aos políticos estressados, acostumados a fazer "aquilo" com os seus correligionários.

Era uma casa muito sacana, onde os bacanas faziam farra; uma casa de lobby, de hobby e também uma casa muito contente, pois quem chegava ganhava um presente para permanecer indiferente aos gemidos e tormentos que se ouvia, já que não eram de sofrimento, mas de pura alegria.

Era uma casa muito esquisita, uma casa maldita, onde as desditas eram abençoadas e as desfeitas celebradas com uísques importados por diplomatas de carreira em descontos de camaradas.

As portas se abriam para a obscuridade e as janelas se fechavam por um conceito de fachada. Era uma casa muito safada, hospedando peladas cuja hospitalidade deixava uns e outros a desejar ou, pelo menos, a querer conquistar mais do que deviam ou podiam transacionar.

Era uma casa muito invejada, pois até os que ficavam de fora daquelas paredes eram ouvidos com grampos de cabelo por agentes peludos em fraldas geriátricas, como na cultura dos velhos tempos da ditadura.

Era assim uma casa de "relacionamento", cuja maturidade era proibida para os menores de idade e de cem salários de provento.

Era uma espécie de casa branca, ou avermelhada, mas que amarelou e apodreceu...

> Um dia a casa caiu, mas ferido ninguém saiu!
> No máximo uma escoriação, para que possam voltar, violar ou votar numa próxima eleição.
> Era uma casa muito engraçada mesmo...
>
> (*Folha de S.Paulo*, 4/4/2006, caderno Ilustrada)

Fábulas de esôfago: a linda estória de Pollyana Sarney

Há muitos anos atrás, num reino distante localizado entre o Piauí e o Pará nascia uma menina pobre mas que, apesar dos sofrimentos por que passava, sempre via o lado bom da vida. Seu nome: Pollyana Sarney.

Apesar de pobre, Pollyana nasceu em berço de ouro num magnífico palácio à beira-mar. Ainda criança, Pollyana não conseguia entender por que, sendo de uma família tão pobre e miserável, ela vivia uma vida nababesca de princesa. Seu bom pai então lhe explicou:

— Brasileiros e brasileiras e minha filha, toda a nossa grana é oriunda da venda dos meus livros...

— Mas papai, como assim? Todo mundo sabe que 90% da população do nosso reino é analfabeta! — obtemperou a ingênua criança filiada ao PFL (Partido das Fadas Liberais).

— Mas os meus livros têm muitas figuras! — respondeu o seu paizinho imortal.

— Claro, claro, papai! Como eu não tinha pensado nisso antes? — respondeu a crédula e bondosa Pollyana.

Quando completou 15 anos, a jovem Pollyana Sarney debutou e foi organizado um lindo baile na Ilha do Curupu, uma espécie de Disneylândia particular que seu pai havia construído para ela.

— Mas por que no Curupu, papai? — perguntou a ingênua criatura.

— Porque você ainda é virgem, minha filha — respondeu o beletrista conservador do PMDB.

Nunca aquele reino havia visto uma festa tão suntuosa e imponente. Rios de champanhe francês, cascatas de camarões, cordilheiras de caviar russo e desfiladeiros de lagostas faziam a alegria dos convidados. Feliz com aquela festa tão linda, a ingênua Pollyana perguntou ao seu extremoso pai:

— Mas, papai... se nossa família é tão pobre como é que o senhor arrumou dinheiro para uma festa tão acintosamente milionária?

— Minha filha — respondeu o senador — você ainda é muito jovem e ingênua! Isso aqui não é uma festa, é um projeto de desenvolvimento regional que eu estou encaminhando à Sudam para acabar com a miséria no Maranhão...

— Claro, claro, papai — respondeu a jovem debutante — como é que eu não tinha pensado nisso antes?

Foi aí, nesse momento, que Alcione, a Marrom, tocou as trombetas anunciando a chegada de um príncipe das Arábias e sua comitiva de 40 pessoas. A comitiva era de 20%. Montado num elefante branco construído com verbas da Sudene o galante príncipe cafifa, quer dizer, califa, Murad, adentrou o recinto. Em seguida, Murad apeou do imenso paquiderme e beijou Pollyana Sarney.

Naquele instante mágico quando o olhar de Pollyana cruzou com o do príncipe Murad, imediatamente os dois compreenderam que haviam sido feitos um para o outro. E, ali mesmo, resolveram se casar e constituir uma quadrilha, quer dizer, uma família. Murad então dirigiu-se cheio de mesuras ao seu poderoso futuro sogro.

— Quanto é que sai a mão da sua filha? Bote preço — indagou o galante príncipe.

— A mão só eu não vendo, só negocio o lote completo — rebateu o extremoso poetastro.

— Dinheiro há! Dinheiro há! — respondeu na lata o cafifa, quer dizer, califa.

Apesar de ser uma menina dócil e ingênua, Pollyana Sarney também era uma mulher do seu tempo, feminista militante, ficou indignada com aquela transação comercial onde a mulher era tratada como um simples objeto de troca-troca político. Revoltada com o pai, Pollyana resolveu fugir com o príncipe levando apenas a roupa do corpo.

— Meu pai, na condição de pré-candidata eu não posso aceitar essa arcaica prática política das reacionárias oligarquias nordestinas!!!

E dito isso, abriu uma gaveta de onde tirou um milhão e trezentos mil reais, tudo em notas de cinquenta, montou um lindo cavalo branco e fugiu com Murad para um Paraíso Fiscal onde ninguém, nem mesmo a Receita, poderia perturbar o seu amor idílico. E foram felizes para sempre...

* * *

Nota Preta do Autor: este conto, que custou uma fábula, só foi possível graças a uma generosa verba superfaturada da Sudam. Descontadas as comissões de praxe, é claro.

AGAMENON MENDES PEDREIRA não é o Jorge Murad mas também sabe inventar muitas histórias da carochinha.

'No Brasil a vida de corrupto não é fácil: você tem que fraudar um Leão por dia.' [Juiz Nicolalau]

(http://www.consciencia.net/humor/agamenon.html)

Fábula: Os hábitos alimentares da ciência (Rubem Alves, *Folha de S.Paulo*, coluna Ciência e Sociedade, 19/5/1984)

Muitos anos atrás um cordeiro, totalmente comprometido com o ideal do conhecimento objetivo, decidiu que já era tempo de se descobrir a verdade sobre os lobos. Até aquele momento só ouvira estórias escabrosas, sempre contadas por testemunhas suspeitas, gente que tinha preconceito contra os pobres bichos. Quem eram os lobos? Ele decidiu que, para se ter a verdade, seria necessário abandonar, como indignos de confiança, os testemunhos de terceiros. Ninguém conhecia os lobos melhor que os lobos. Que se fosse diretamente a eles. O cordeiro escreveu então uma carta a um filósofo-lobo com uma questão simples e direta: "o que são lobos?". O filósofo-lobo respondeu imediatamente, como convém a alguém que pertence à comunidade do saber. E ele disse tudo. As formas dos lobos, tamanhos, cores, hábitos sociais, tendências estéticas... vez por outra, ele parava para pensar se a cozinha dos lobos e suas predileções alimentares eram questões de interesse filosófico e ontológico. E sempre riscava a primeira linha do relatório. Afinal de contas, ele dizia, os hábitos alimentares dos lobos são acidentais, culturalmente condicionados. Não pertencem à nossa essência. O cordeiro, ao receber a carta, deu pulos de alegria. Ele estava certo. Quantas mentiras tinham sido espalhadas acerca dos lobos! Mas, agora, testemunha de primeira mão, sabia finalmente quem eram os lobos, almas irmãs, animais de carne e osso neste mundo de Deus. E até resolveu visitar o lobo, para debates filosóficos face a face. E foi então que ele aprendeu, tarde demais, que alguma coisa não fora dita no relato do lobo. Ah! Faltavam as informações sobre seus hábitos alimentares. Descobria agora, de forma final e irremediável que, para um cordeiro, um lobo é, antes de mais nada, um bicho cuja comida favorita é churrasco de cordeiro.

(*Folha de S.Paulo*, coluna Ciência e Sociedade, 19/06/1984)

Rio Acima (Luis Fernando Verissimo)

Todos os rios levam ao mistério. Do Aar ao Zwettl. Do Orinoco ao Deseado, passando pelo Oiapoque e pelo Chuí. Do Negro ao Branco. Do Madeira ao Prata. Do Grande ao Chico. O das Antas, o das velhas, o dos macacos, o das Mortes. O rio da vida, senhoras e senhores. Segurem-se até passarmos as pororocas. Aqui o Amazonas recebe as águas do seu maior afluente, o Atlântico. Aqui o Nilo muda de nome e vira Mediterrâneo. Por esta boca o Mississípi expeliu Cuba, Porto Rico e todas as ilhas das Caraíbas. Aqui termina o Tejo e começa o mundo, uma obra de Camões. Aqui começa o nosso tour.

Rio acima. Observem como, de onde estamos, vemos passar as margens de ambos os lados... Engano, somos nós que passamos. Proteja a cabeça do sol em meditem sobre a finitude humana. Será servido um lanche antes de passarmos a fábrica de celulose, porque depois ninguém conseguirá comer. À esquerda, uma usina nuclear. Vejam os peixes fosforescentes. Vejam os banhistas fosforescentes. Não ponham a mão na água se não quiserem perdê-la. À direita, boiando, alguns mendigos. Prisioneiros de mãos amarradas. Vários fetos. Sapatos. Urinóis. Pneus. Sinais de civilização.

Uma nota pessoal, senhoras e senhores. Aquela casa na margem direita é minha. Tinha um coqueiro do lado que, coitado, de saudade, já morreu, e o videoshop do outro lado, claro, é novo. Aquela é a minha família, e aquele menino com água pela cintura, abanando para nós, sou eu. Mas isto também já passou. Rio acima!

O garoto abandonado naquele barco é Huckelberry Finn. Abanem, abanem. Aquela figura que acaba e mergulhar no rio do galho de uma árvore é Tarzan. Vejam como o jacaré se aproxima. Os dois se engalfinham. Não se preocupe, Tarzan vencerá. Na margem direita, um lobo e um cordeiro conversando. Da margem esquerda, João Guimarães Rosa contempla a terceira margem. O Bebê flutuando dentro da cesta é Moisés.

Estamos no Rubicão! Porcaria, pois não? Vocês notarão que muitos rios históricos não merecem o nome que têm. O Danúbio, veremos adiante, não é azul. O Vermelho é marrom. O Amarelo é cinzento. O Meckong é vermelho de tanto sangue. Rio Acima. Estamos no Tamisa. Agora no Avon. Aquele ali na margem, pensativo, é Shakespeare. Vejam, no meio do rio, rodeada de flores, mantida à tona pelas suas vestes infladas, a doce Ofélia. Abanem. Abanem. Eu não disse que este tour tinha de tudo? Agora preparem suas câmeras. Aí vem, na sua barcaça imperial, Cleópatra descendo o Nilo. Rio acima. Estamos no Reno, no Pó, no Yang-tze, no São Francisco, no Tigre, no Eufrates, no Volga, no Jordão. Aquela cena vocês certamente vão querer fotografar, João Batista batizando Jesus. Estamos no Ganges, onde os vivos despejam os seus mortos e depois se lavam. O rio é sempre o mesmo e nunca é o mesmo. A água que purifica é a mesma que recebe o esgoto ácido. A água que mata a sede é a mesma que afoga, a que passa e não passa.

O rio é a Portela. À direita, Paulinho da Viola. Aquela cabecinha de nadador ali é a do Mao.

Galhos, troncos, casas, gado, canoas viradas, quatro com timão e sem timão — e uma fábrica inteira rebocada do Japão.

As águas começam a ficar lodosas. As grandes árvores se tocam sobre o rio. Estamos no Congo, a caminho do coração das trevas. Da fonte obscura de tudo. Mistah Kurtz, he dead. O cheiro azedo de limo e fósseis. O horror, o horror. O mar está longe, chegamos a nossa vertente. E a origem de tudo não é mistério, é um buraco no chão. Há outros rios debaixo destes, e é para lá que vamos um dia. Rio abaixo. A gorjeta é voluntária, obrigado.

(*Veja*, 29/03/1989)

O acendão (Mário Prata)

Se, depois da tempestade vem a bonança, depois da Apagão (sim, com maiúscula) vem o Acendão. Bonança, segundo o sempre aceso Aurélio: "Bom tempo no mar, tempo favorável à navegação. Sossego, tranquilidade, serenidade".

Este fenômeno chamado Apagão me lembra a Zélia. Aquela que apagou nossas poupanças, dizendo que depois tudo seria sossego, tranquilidade, serenidade. Espero que ela esteja feliz lá em Nova York.

Como na época de Zelião, não se fala em outra coisa. Discussões à luz de vela: ninguém entende mais o que é multa ou tarifa, ninguém sabe se é melhor não usar a máquina de lavar (e ficarmos sujos como a turma do planalto central) ou fazer amor no escuro. Deixamos de ouvir na vitrola "Apesar de Você" e tomamos Lexotan?

Mas eu falava com você do Acendão. Claro, ele virá. E será pleno, geral e irrestrito, como a anistia dos militares. E quando as luzes se acenderem, seremos um país feliz, sossegado, tranquilo, sereno? Seremos, segundo aquelas pessoas que moram em Brasília e trabalham terça, quarta e quinta-feira. Veja você: já era uma economia de luzes, de força. Brasília sempre economizou energia. Não é de hoje. Temos que seguir o exemplo deles. De sexta a terça ficamos segurando nossas bases, fumando um beise.

E quando vier o Acendão, tudo vai funcionar bem. Tudo será às claras.

Quando eu era pequeno, me ensinaram na escola que no Brasil nós temos três poderes. O Executivo, o Legislativo e o Judiciário. Quando chegar o Acendão, os três voltarão a se iluminar, como eu aprendi no Grupo Escolar (aliás, mesmo Grupo onde estudou Ulisses Guimarães, em Lins): o Executivo vai executar, o Legislativo vai legislar, e o Judiciário vai julgar. E a seleção vai ganhar dos japoneses. E ninguém nunca mais dirá a velha frase: e eu com a Light?

Quando o Carnaval Chegar, ou melhor, quando o Acendão chegar, todos nós vamos lavar roupa ao mesmo tempo, todos vamos passar roupa, cantando juntos, como se estivéssemos no filme A Noviça Rebelde. Todos nós vamos gastar as energias.

E o Executivo — espero — vai voltar a executar. Vai deixar de explicar, de se desculpar, vai executar. Vai, enfim, assumir a chefia suprema do País. Vai deixar — espero — de fazer conexões elétricas com partidos e quebrados. Espero que o Executivo, finalmente, livre de benjamins de parede, lidere. Nos lidere.

E o Legislativo deixe essa idiotice de querer se tornar detetive da paria e passe a mania egocêntrica de julgar e investigar para o Judiciário. Eu — particularmente — não votei nem em senador nem em deputado para eles ficarem brincando de detetive, investigando tudo quanto é tipo de crime que eles não entendem. As tais das CPIzzas. Enquanto eles ficam preocupados em saber se o Brasil perdeu a Copa para a França por causa da fábrica de tênis, o Brasil foi à escuridão e nem tem mais jogo de noite. Eu já decidi, na próxima eleição para deputado, voto no J. Amaral, o maior detetive particular do Brasil.

Sim, porque eu sempre achei — no escuro e na claridade — que o Judiciário é quem deveria investigar esses crimes todos. Pagamos do nosso bolso esses juízes e esses promotores todos para quê? Para ficarem investigando roubo de galinha e crime passional? E o verdadeiro apagar das luzes, quem é que vai investigar?

Então é isso: quando o Acendão chegar, o Executivo vai executar.

Quando o Acendão chegar, o Legislativo vai legislar.

E o Judiciário vai julgar.

E um aviso: o primeiro que voltar, por favor, acenda as luzes!

Sim, porque eu não quero ficar deitado eternamente em berço escuro. Mesmo que bem acompanhado.

P.S.: Só para lembrar: "Deitado eternamente em berço esplêndido, Ao som do mar e à luz do céu profundo, Fulguras ó Brasil, florão da América, iluminado ao sol do Novo Mundo!".

3.2 A intertextualidade tipológica

A intertextualidade tipológica decorre do fato de se poder depreender, entre determinadas sequências ou tipos textuais — narrativas, descritivas, expositivas etc., um conjunto de características comuns, em termos de estruturação, seleção lexical, uso de tempos verbais, advérbios (de tempo, lugar, modo etc.) e outros elementos dêiticos, que permitem reconhecê-las como pertencentes a determinada classe. Segundo Beaugrande e Dressler (1981), é pela comparação dos textos a que se acham expostos os falantes, no meio em que vivem e pela subsequente representação na memória de tais características, que eles constroem modelos mentais tipológicos específicos, a que Van Dijk (1983) denomina *superestruturas,* os quais vão lhes permitir construir e reconhecer as sequências dos diversos tipos. As superestruturas mais frequentemente estudadas são a narrativa, descritiva, injuntiva, expositiva, preditiva, explicativa e argumentativa (*stricto sensu*).

As sequências narrativas apresentam uma sucessão temporal/ causal de eventos, ou seja, há sempre um antes e um depois, uma situação inicial e uma situação final, entre as quais ocorre algum tipo de modificação de um estado de coisas. Há predominância dos verbos de ação, tempos verbais do mundo narrado (cf. Weinrich, 1964), bem como de adverbiais temporais, causais e, também, locativos. É frequente a presença do discurso relatado (direto, indireto e indireto livre). Predominam nos relatos de qualquer espécie, em notícias, contos, romances etc.

A sequência descritiva caracteriza-se pela apresentação de propriedades, qualidades, elementos componentes de uma entidade, sua situação no espaço etc. Nela predominam os verbos de estado e situação, ou aqueles que indicam propriedades, qualidades, atitudes, que aparecem no presente, em se tratando de comentário, e no imperfeito, no interior de um relato. Predominam articuladores de tipo espacial/ situacional.

Nas sequências expositivas, por sua vez, tem-se a análise ou síntese de representações conceituais numa ordenação lógica. Os tempos verbais são os do mundo comentado e os conectores, predominantemente, do tipo lógico.

As sequências injuntivas apresentam prescrições de comportamentos ou ações sequencialmente ordenados, tendo como principais marcas os verbos no imperativo, infinitivo ou futuro do presente, e articuladores adequados ao encadeamento sequencial das ações prescritas.

As sequências argumentativas *stricto sensu* são aquelas que apresentam uma ordenação ideológica de argumentos e/ou contra-argumentos. Nelas predominam elementos modalizadores, verbos introdutores de opinião, operadores argumentativos etc.

Cada gênero vai eleger uma ou, o que é mais comum, algumas dessas sequências ou tipos para a sua constituição. Assim, por exemplo, num conto ou num romance, vamos encontrar, a par das sequências narrativas, responsáveis pela ação propriamente dita (enredo, trama), sequências descritivas (descrições de situações, ambientes, personagens), expositivas (intromissões do narrador); peças jurídicas como a petição inicial ou a contestação vão conter, normalmente, sequências narrativas, descritivas, expositivas e argumentativas; num manual de instruções encontrar-se-ão, pelo menos, sequências injuntivas e descritivas, e assim por diante.

CAPÍTULO 4

INTERTEXTUALIDADE E POLIFONIA

O conceito de polifonia é mais amplo que o de intertextualidade. Enquanto nesta, como ficou demonstrado acima, faz-se necessária a presença de um intertexto, cuja fonte é explicitamente mencionada ou não (intertextualidade explícita x intertextualidade implícita, respectivamente), o conceito de polifonia, tal como elaborado por Ducrot (1980, 1984), a partir da obra de Bakhtin (1929), em que este denomina de polifônico o romance de Dostoievski, exige apenas que se *representem, encenem* (no sentido teatral), em dado texto, perspectivas ou pontos de vista de enunciadores (reais ou virtuais) diferentes — daí a metáfora do "coro de vozes", ligada, de certa forma, ao sentido primeiro que o termo tem na música, de onde se origina. Isto é, "encenam-se" no interior do discurso do locutor perspectivas ou pontos de vista representados por enunciadores reais ou virtuais diferentes, sem que se trate, necessariamente, de textos efetivamente existentes.

Como vimos anteriormente, Ducrot, ao apresentar a teoria polifônica da enunciação, postula a existência, em cada texto/enunciado, de mais de um enunciador, que representam perspectivas, pontos de vista diferentes, sendo uma delas aquela a que o locutor adere em seu discurso. Isto é, no discurso de um locutor L, encenam-se, representam-se pontos de vista diversos.

Para Ducrot, a polifonia é um fato constante no discurso, que oferece ao locutor a possibilidade de tirar consequências de uma asserção cuja responsabilidade ele não assume diretamente, atribuindo-a, portanto, a um outro enunciador. Uma série de fenômenos discursivos podem ser mais bem esclarecidos quando se adota essa posição, havendo mesmo certos morfemas ou torneios sintáticos que impõem a leitura polifônica.

Assim, quando se incorporam textos anteriormente atestados, como é comum na paródia, na alusão, em certos casos de ironia etc., tem-se a intertextualidade implícita; quando tal não acontece, já não se trata de intertextualidade (em sentido restrito, que, como vimos, exige a presença de um intertexto), mas, na verdade, de polifonia.

Segundo Ducrot, são os seguintes os principais índices de polifonia:

1. negação: a negação pressupõe sempre um enunciado afirmativo de um outro enunciador:

    Ex: E2: Jorge não é um covarde. (E1: Jorge é covarde.)
2. marcadores de pressuposição: os marcadores de pressuposição, como certos usos dos vocábulos *ainda, agora, já*; verbos indicadores de mudança ou permanência de um estado anterior (*continuar, deixar de, passar a*), verbos factivos indicadores de sentimento (*lamentar, lastimar*) incorporam a perspectiva de outro(s) enunciador(es), por vezes, da *vox populi*, da crença comum.

    Ex.: E2: O país ainda espera por mudanças. (E1: O Brasil esperava por mudanças em tempo anterior.)

    E2: O doente já não apresenta melhoras. (E1: O doente apresentava melhoras em tempo anterior.)

    E2: O doente agora (já) acredita na cura. (E1: O doente não acreditava na cura em tempo anterior.)

    E2: O jogador passou a fazer trapaças. (E1: O jogador não fazia trapaças em momento anterior.)

3. determinados operadores argumentativos, como *pelo contrário, ao contrário*:

    Ex.: E2: Esse deputado não é corrupto. *Pelo contrário*, tem-se mostrado honesto e responsável. (E1: Esse deputado é corrupto.)

    Como se pode ver no exemplo acima, *pelo contrário* não opõe o segmento que introduz ao segmento que o antecede no enunciado, o que não seria razoável, já que *não ser corrupto* e *ser honesto e responsável* não se opõem. Opõe-se, portanto, à voz, que é apenas encenada, representada, de um enunciador E0, que produziu ou poderia ter produzido o enunciado *João é corrupto*.

4. futuro do pretérito com valor de metáfora temporal

    Segundo Weinrich (1964), em sua teoria dos tempos verbais no discurso, há tempos próprios do narrar e tempos próprios do comentar (*mundo narrado* e *mundo comentado*). Contudo, esses tempos podem ser usados metaforicamente: um verbo próprio do relato pode aparecer no interior de um comentário e vice-versa. Nesse caso, tem-se a metáfora temporal, na qual o tempo verbal inserido em um contexto (*mundo*, segundo Weinrich) que não é o seu, leva para esse contexto as características próprias de seu ambiente natural. Um tempo do relato dentro de um comentário implica descompromisso, não engajamento, não responsabilidade do produtor do comentário com o que o seu enunciado veicula, atribuindo-o a outro enunciador (a voz geral, fontes abalizadas, diz que diz etc.) Veja-se o exemplo:

    Ex.: E2: Os traficantes *estariam* preparados para invadir a favela. (E1 — fonte não informada, fonte abalizada, alta fonte do governo ou outra voz que anunciou — ou poderia ter enunciado — o enunciado que afirma que os traficantes estavam preparados para invadir a favela).

5. operadores concessivos (englobados aqui os adversativos, ou seja, todos aqueles que expressam a noção semântica de oposição, contraste):

    Ex.: E2: Estava com o passaporte em ordem, *mas* não conseguiu embarcar para o exterior. (E1: Quem está com o passaporte em ordem, consegue embarcar.)

Ex.: E2: *Embora* não tivesse treinado, fez uma excelente partida. (E1: Quem não treina não faz uma boa partida.)

Segundo Ducrot, a estrutura de tipo concessivo dá voz, legitimidade a uma opinião contrária, considera como possíveis para certa conclusão os argumentos a ela atribuídos, mas vai opor a esta voz argumentos decisivos em sentido contrário.

6. operadores conclusivos (as estruturas conclusivas têm a forma de um silogismo, em que a premissa maior, geralmente implícita, é de responsabilidade de outro enunciador, muitas vezes um enunciador genérico):

    Ex.: E2: Arrumou as malas, dirigiu-se à estação e comprou a passagem. *Portanto*, já deve estar chegando (E1 — voz geral: (Quem arruma as malas, vai à estação e compra a passagem viaja logo em seguida.)

    É interessante observar que essa premissa maior implícita pode constituir um sofisma, mas, pela forma pseudo-silogística do enunciado, é capaz de levar o interlocutor ingênuo a aceitá-la como legítima. (Como é comum no discurso de muitos políticos...).

7. aspas: muitos pesquisadores (Authier, 1981, 1982; Dascal e Weizman, 1987; entre outros) têm mostrado que o uso das aspas é frequentemente marca de distanciamento, de não concordância com o termo ou o segmento de texto que se aspeia, segmento esse produzido por ou atribuído a outro enunciador, real ou virtual. Assim, o que se aspeia encerra a voz de outro enunciador real ou virtual e mostra a não concordância do locutor com o que essa voz enuncia.

    Ex.: Jô Soares, depois de longa e acrítica entrevista com José Dirceu, puxou os "parabéns" para Lula e cantou com o ministro, o sexteto e todo o auditório, na madrugada.

    E a terça-feira que se seguiu parecia indicar realmente a entrega de muitos **"presentes"** de aniversário, para usar a expressão do comentarista Alexandre Garcia. [...]

    [...] Acrescente-se, como cereja sobre o bolo, uma pesquisa da Universidade de Miami, realizada com 537 integrantes do que foi descrito como **"elite latina"** e divulgada por todos os meios.

Nela, Lula surgiu como líder pan-americano com a melhor avaliação entre os **"latinos"** ricos [...]

(Nelson de Sá, *Do crescimento à ética*)

http://www1.folha.uol.com.br/fsp/brasil/fc2910200314.htm)

8. expressões do tipo "parece que", "segundo X", "dizem que" etc., em que se toma o enunciado — dito ou que poderia ter sido dito por E1 — como premissa para uma conclusão a que se pretende levar o interlocutor.

Ex.: E2: *Parece que* o dólar vai continuar a cair. Então, logo poderemos viajar para Nova Iorque. (E1: O dólar vai continuar a cair.)

E2: Muitos afirmam que a economia vai de vento em popa. Logo, não há o que temer. (E1: A economia vai de vento em popa.)

Pode-se verificar, portanto, que há, entre intertextualidade e polifonia, uma relação de inclusão: a polifonia engloba todos os casos de intertextualidade, mas seu espectro é bem mais amplo que o daquela.

Tanto um como outro desses fenômenos, no entanto, são atestações cabais da (inevitável) presença do outro em nossos discursos, do dialogismo tal como postulado por Bakhtin e da incontornável argumentatividade inerente aos jogos de linguagem.

CAPÍTULO 5

INTERTEXTUALIDADE *LATO SENSU*

5.1 Introdução

Retomando o conceito de intertextualidade, no seu sentido amplo, "qualquer texto se constrói como um mosaico de citações e é a absorção e transformação de um outro texto" (Kristeva, 1974), neste capítulo, a perspectiva enfocada será a da Linguística Antropológica, representada principalmente pelo trabalho de Bauman e Briggs (1995), que apresenta as relações entre gênero, intertextualidade e poder social. A perspectiva escolhida assume que as ligações que podem ser estabelecidas entre um texto e outro(s) texto(s) ocorrem não apenas com enunciados isolados, mas com *modelos gerais e/ou abstratos de produção e recepção de textos/discursos* (Bauman e Briggs, 1995).

Como temos o propósito de dar continuidade às análises produzidas sobre o fenômeno da intertextualidade, considerando principalmente as práticas de produção e recepção dos gêneros do discurso, selecionamos dois gêneros musicais, a *canção popular* e o *rap*, com o objetivo de discutir estratégias de manipulação da intertextualidade genérica, enfocando, principalmente, a maneira pela qual o compositor Chico Buarque, ao se apropriar/aproximar de um gênero como o *rap* de forma a produzir uma determinada letra, mostra a constante interpenetração entre dois gêneros no curso mesmo do processo de produção de um deles.

Com o objetivo de discutir as estratégias de manipulação da intertextualidade tipológica, selecionamos dois gêneros narrativos, o *conto popular* e a *estória oral*, enfocando principalmente como os diversos recursos estruturadores da narrativa são responsáveis pela própria caracterização e diferenciação dos gêneros em questão e como a mobilização de um ou outro recurso tipológico revela diferentes ênfases no trabalho de construção de relações intertextuais.

5.2 Estratégias de manipulação de intertextualidade genérica

Antes mesmo de iniciarmos nossas análises das estratégias de manipulação da intertextualidade genérica, é importante retomarmos o conceito de intertextualidade genérica proposto no capítulo 3 deste volume. Assim é que postulamos que os exemplares da cada gênero mantêm entre si relações intertextuais no que diz respeito à forma composicional, ao conteúdo temático e ao estilo. Um dos exemplos de intertextualidade genérica fornecidos no capítulo 3 é um texto de Fernando Bonassi, que remete explicitamente à letra da música "A casa", de Toquinho e Vinicius de Moraes, transcrita abaixo:

A casa

> Era uma casa
> Muito engraçada
> Não tinha teto
> Não tinha nada
> Ninguém podia

> Entrar nela não
> Porque na casa
> Não tinha chão
> Ninguém podia
> Dormir na rede
> Porque na casa
> Não tinha parede
> Ninguém podia
> Fazer pipi
> Porque pinico
> Não tinha ali
> Mas era feita
> Com muito esmero
> Na rua dos bobos
> Número zero

O texto de Fernando Bonassi, que pode ser caracterizado como uma crônica jornalística, revela a estratégia de produção da crítica política do autor em relação à situação de se ter descoberto, durante o período de investigações do que foi nomeado pela imprensa brasileira como o "escândalo do mensalão", uma casa de prostituição em Brasília, cuja gerente mantinha relações muito próximas com muitos políticos brasileiros e onde se efetuavam negócios escusos com dinheiro público.

O principal aspecto da letra da canção de Toquinho e Vinicius que é aproveitado na estruturação da crônica política é a sua forma composicional. Os versos da canção de Toquinho e Vinicius são incorporados à crônica, mas não de forma dispersa, e, sim, organizando o texto produzido: a estrutura dos versos *"era uma casa/ muito engraçada"* é quase que integralmente repetida do início ao fim da crônica, a cada início de parágrafo, mas também no interior deles. Assim é que temos a repetição do verso original *"era uma casa muito engraçada"*, iniciando o texto e, em seguida, temos *"era uma casa de tradição"*, *"era uma casa muito tarada"*, *"era igualmente uma casa sem recepção"*, *"era uma casa muito queimada"*, *"era uma casa gigantesca"*, *"era uma casa de ocasião"*, *"era *uma casa muito manjada", "era uma casa muito encantada", "era uma casa muito amena", "era uma casa muito sacana"*, e assim por diante, no início dos parágrafos.

É interessante perceber, por exemplo, que o autor manipula a seleção do adjetivo que qualifica "casa", procurando manter a rima entre "engraçada" e "nada", presente na letra da canção, como no exemplo "era uma casa muito queimada". Essa repetição do verso que instaura o referente da crônica produzida por Bonassi e que o relaciona com a canção de Toquinho e Vinicius, funciona, sem dúvida, como um "recurso de formatação genérica" (a ser definido mais adiante), que auxilia tanto no estabelecimento da referência, como na construção da progressão referencial (Koch, 2002).

Além disso, o autor vai retomando os outros versos da canção no interior do texto, procurando parafrasear os sentidos produzidos pela letra, que tanto fala da casa em si como das ações que nela se praticavam (ou não se praticavam). É em relação a este último aspecto que mais se pode perceber os movimentos do autor: por um lado, ele expande a informação sobre a descrição da casa referida pela crônica e das ações que nela eram praticadas; nesse sentido, ter-se-ia aqui o estabelecimento de relações intertextuais de natureza temática e composicional. No entanto, o valor de cada um desses movimentos do autor é diferente, já que há uma captação da estrutura composicional da canção (vale a pena chamar a atenção para o fato de o autor da crônica terminar o seu texto em prosa com rimas: *"Um dia a casa caiu, mas ferido ninguém saiu! No máximo uma escoriação, para que possam voltar, violar ou votar numa próxima eleição"*) e uma subversão de seus conteúdos.

De forma a aprofundar um pouco mais a descrição das estratégias de manipulação da intertextualidade genérica, se faz necessário apresentar as postulações teóricas que dão base para nossas análises.

Para Bauman e Briggs (1995), os gêneros[1] não podem ser devidamente caracterizados como um *locus* de realização de propriedades

---

1. A noção de gênero do discurso que assumimos ao longo deste capítulo baseia-se na perspectiva da Linguística Antropológica, desenvolvida por autores como Hymes (1972; 1974), Hanks

imanentes de textos ou de performances particulares. Baseando-se em Bakhtin (1985; 1986), os autores consideram que os gêneros são fundamentalmente intertextuais, já que os processos de produção e de recepção de um determinado gênero pressupõem uma ligação necessária com textos e/ou discursos anteriores.

Os autores afirmam que, diferentemente da maioria dos exemplos de discurso reportado, esta ligação se dá não com enunciados isolados, mas com *modelos gerais e/ou abstratos de produção e recepção de textos/ discursos*. Sendo assim, sugerem que a criação de relações intertextuais por meio da manipulação dos gêneros servem para, simultaneamente, produzir ordenação, unidade e limites para os textos e, também, para mostrar o seu caráter fragmentado, heterogêneo e aberto. Aqui, os autores se aproximam do conceito de arquitextualidade, de Genette (1982), tratado no capítulo 6 deste volume.

Pode-se dizer que esta perspectiva, apesar de ser elaborada no interior da Linguística Antropológica, é bastante influenciada pelos postulados das teorias de processamento textual dos anos 1980 e 1990 (Van Dijk e Kintsch, 1983; Van Dijk, 1994) e por teorias sociológicas e antropológicas (Goffman, 1974; Gumperz, 1982; Gumperz e Levinson, 1996).

O postulado de Bauman e Briggs de que as relações intertextuais são estabelecidas por meio da apropriação de *modelos gerais ou abstra-*

(1987), Bauman e Briggs (1995), Bauman (2004), entre outros. Um ponto em comum entre eles é a postulação de que os gêneros do discurso constituem-se em poderosos instrumentos de discriminação e de organização das formas discursivas. Este postulado baseia-se em Bakhtin (1986), para quem o reconhecimento por parte dos sujeitos das diferenças entre as formas discursivas e a consequente nomeação dessas formas são importantes critérios para a própria definição de gênero. Os aspectos formais dos gêneros desempenham um papel central nas teorizações desenvolvidas no campo da Linguística Antropológica. No entanto, há diferenças na maneira como se concebe a organização formal dos gêneros. Neste sentido, assumimos a posição de que essa organização formal dos gêneros não é uma propriedade imanente e normativa dos textos. Ao contrário, acreditamos que as formas genéricas constituem-se em um conjunto convencionalizado, mas flexível e aberto, de expectativas em relação aos instrumentos formais de organização e de estruturação das práticas discursivas (Bauman e Briggs, 1995). As análises e os trabalhos desenvolvidos no campo dos estudos do texto no Brasil (Koch, 2002; 2004; Koch e Elias, 2006) procuram demonstrar a importância dos aspectos formais na constituição e estruturação dos diversos gêneros, enfatizando a relação entre aspectos da organização formal dos gêneros, suas funções e seus contextos de produção, de recepção e de circulação.

tos de produção e recepção dos discursos pode ser aproximada da perspectiva sociocognitiva de Van Dijk e Kintsch (1983), para quem os *modelos cognitivos de contexto*, como já foi exposto no capítulo 3, contêm os parâmetros relevantes da interação comunicativa e da comunicação social. Além disso, esses postulados podem ser também aproximados dos tipos de análises desenvolvidas por Goffman (1974) e por Gumperz e Levinson (1996), para quem o nosso conhecimento sobre a experiência social, de uma forma geral, é governada por princípios, a um só tempo, sociais e subjetivos.

Voltando-nos para as ideias de Bauman e Briggs, para eles cada dimensão deste processo de apropriação dos discursos pode ser vista tanto em termos sincrônicos como em termos diacrônicos. Em termos sincrônicos, os gêneros do discurso, como afirmamos acima, constituem-se em poderosos instrumentos de ordenação, formatação, unificação e limitação dos textos. Por exemplo, quando nos deparamos com o que Bauman e Briggs (1995) chamam de *recursos de formatação genérica*, como a fórmula *era uma vez*, desenvolvemos um conjunto de expectativas em relação ao conteúdo da narrativa e em relação a sua forma. Para os autores, a invocação do gênero de fato nos proporciona um modelo textual para a criação da coesão e da coerência, para a produção e a interpretação de todo o tipo de traço, desde um enunciado particular no interior da narrativa até a sua estrutura global.

Ainda para os autores, quando vistos diacronicamente, os gêneros possibilitam a ordenação e a estruturação do discurso em termos históricos e sociais: os provérbios, os contos de fada, as fábulas, por exemplo, podem nos remeter a um passado tradicional, enquanto que os *e-mails* nos remetem ao presente ultramoderno. Além disso, os gêneros podem ser associados a grupos sociais distintos. A invocação de um gênero de fato cria conexões indexicais que se estendem para além do presente cenário de produção e recepção. Neste sentido, os autores afirmam o seguinte:

> Os gêneros do discurso, de fato, estão crucialmente relacionados com negociações de identidade e poder — ao invocarem um gênero particu-

lar, os produtores do discurso asseveram (tacitamente ou explicitamente) que eles possuem a autoridade necessária para descontextualizar o discurso que produz essas conexões históricas e sociais e para recontextualizá-lo na atual produção discursiva. Quando uma grande autoridade é trazida para dentro dos textos, associada com a imagem dos mais velhos e/ou e ancestrais, tradicionalizar o discurso por meio da criação de ligações com gêneros tradicionais é, frequentemente, a estratégia mais poderosa de se criar a autoridade textual. [...] Podemos dizer que a intertextualidade genérica apresenta um grande poder de naturalizar tanto os textos como a realidade cultural que representam. (Bauman e Briggs, 1995, p. 584)

Acreditamos que um exemplo interessante desse modo de apropriação de modelos gerais de produção e recepção dos discursos, mais especificamente, de apropriação de um determinado gênero (o *rap*) por outro gênero (a canção) é a letra abaixo, do compositor Chico Buarque:

Subúrbio (Chico Buarque)

Lá não tem brisa
Não tem verde-azuis
Não tem frescura nem
Atrevimento
Lá não figura no mapa
No avesso da montanha
é labirinto
É contra-senha
É cara a tapa
Fala, Penha
Fala, Irajá
Fala, Olaria
Fala, Acari, Vigário Geral
Fala, Piedade
Casas sem cor
Ruas de pó, cidade
Que não se pinta
Que é sem vaidade

Vai, faz ouvir os acordes
do choro-canção
Traz as cabrochas e a roda
de samba
Dança teu funk, o rock,
forró, pagode, reggae
Teu hip-hop
Fala na língua do rap
Desbanca a outra
A tal que abusa
De ser tão maravilhosa

Lá não tem moças douradas
Expostas, andam nus
Pelas quebradas teus exus
Não tem turistas
Não sai foto nas revistas
Lá tem Jesus
E está de costas
Fala, Maré
Fala, Madureira
Fala, Pavuna
Fala, Inhaúma
Cordovil, Pilares
Espalha tua voz
Nos arredores
Carrega a tua cruz
E os teus tambores

Vai, faz ouvir os acordes
do choro-canção
Traz as cabrochas e a roda
de samba
Dança teu funk, o rock,
forró, pagode, reggae
Teu hip-hop
Fala na língua do rap
Fala no pé
Dá uma ideia
Naquela que te sombreia

INTERTEXTUALIDADE: diálogos possíveis 93

> Lá não tem claro-escuro
> A luz é dura
> A chapa é quente
> Que futuro tem
> Aquela gente toda
> Perdido em ti
> Eu ando em roda
> É pau, é pedra
> É fim de linha
> É lenha, é fogo, é foda
>
> Fala, Penha
> Fala, Irajá
> Fala, Encantado, Bangu
> Fala, Realengo
>
> Fala, Maré
> Fala, Madureira
> Fala, Meriti, Nova Iguaçu
> Fala, Paciência

Podemos reconhecer mais imediatamente algumas estratégias intertextuais mobilizadas pelo autor: o fato de a sua letra trabalhar o estilo de letras de *rap* e também trabalhar uma das mais frequentes temáticas desse gênero lítero-musical: a vida nas favelas, as periferias, os subúrbios brasileiros (Bentes e Rio, 2006).

O estilo[2] dos *raps* é captado por Chico Buarque, que parafraseia um modo de fala presente em vários *raps*, principalmente no que diz

---

2. A noção de estilo que estaremos adotando aqui é a do sociolinguista Nikolas Coupland (2001), para quem o estilo deve ser compreendido em termos de propósitos, práticas e conquistas comunicativas humanas e também enquanto um aspecto da manipulação dos recursos semióticos no contexto social. Além disso, para o autor, alguns postulados são importantes para um estudo do estilo: (I) o estudo do estilo não deve restringir-se ao estudo das variáveis estilísticas dialetais; (II) a variação estilística não ocorre independentemente de outros domínios de variação socialmente significativa (significações referenciais, funções pragmáticas e modos de fala); (III) a produção do estilo não é um correlato situacional, mas sim um processo ativo, motivado e simbólico;

respeito à saudação às periferias (ou "subúrbios", no modo de referenciar utilizado por Chico Buarque). Vejamos abaixo como os *Racionais MC's*, um dos mais importantes grupos de *rap* nacional, em seu primeiro álbum de grande sucesso, *Sobrevivendo no Inferno* (1997), como forma de encerramento do CD, faz uma saudação às periferias de São Paulo e de alguns outros estados brasileiros e aos "aliados" espalhados por todas as favelas do Brasil:

Salve (Racionais MC's)

Brown	Eu vou mandar um salve pra comunidade do outro lado dos muro As grades nunca vão prender nosso pensamento mano Se liga aí, Jardim Evana, Parque do Engenho Jerivá, Jardim Rosana, Pirajussara, Santa Teresa
Blue	Vaz de Lima, Parque Santo Antônio, Capelinha, Promorá, Vila Calu, Branca 05 Flor, Paranapanema e Aracati
Brown	Novo Oriente, Parque Arariba, Jardim Igá, Parque Ip, Pessoal da Sabin, Jardim Marcelo, Cidade Ademar, Jardim São Carlos, Jardim Primavera, Santa Amélia, Jardim Santa Terezinha, Jardim Miriam, Vila Santa Catarina, aí, Vietnã
Blue	Cocáia, Cipó, Colônia, Campanário em Diadema, Calux, em São Bernardo, Vila Industrial, em Santo André
Brown	Bairro das Pimentas, Brasilândia, Jardim Japão, Jardim Ebron, Cohab 1, Cohab 2, São Matheus, Itaí, Cidade Tiradentes, Barueri, Cohab de Taipas
Blue	Mangueira, Borel, Cidade de Deus, e aí, DF expansão, B-Norte, B-Sul, e aí, pessoal do sul, Restinga, e aí, quebrada Zona Noroeste Santos, Rádio Favela BH, e pra todos os aliados espalhados pelas favelas do Brasil, firmão [...]

Uma outra letra dos Racionais MC's, do CD *Nada como um dia após o outro dia / Chora agora / Ri depois* (2002), também se constitui em uma

---

(IV) as variedades estilísticas não são semanticamente correspondentes e (V) o estilo não deveria ser considerado de forma unidimensional. A esse respeito, ver Bentes (2006).

saudação, só que agora mais heterogênea, saudando não apenas comunidades inteiras, mas pessoas e famílias das comunidades:

Trutas e quebradas (Racionais MC's)

Brown	Essa é para os manos daqui
KL Jay	Muito amor e saúde
Blue	Fé em Deus
Rock	Esperança
Brown	Essa é para os manos de lá
KL Jay	Que estão com Deus
Blue	Num bom lugar
Brown	Com certeza, a hora é essa, nego, demorou **(palmas)** viva
KL Jay	Astros convidados
Brown	Só o sol, um futebol e doce pra molecada
	Muito respeito pra **(os tambores param)** trutas e quebradas...
Todos	É quente
Blue	Jardim Vaz de Lima, Três Estrelas, Imbé, Paranapanema, Parque Jardim Lídia, Bela Vista, e aí, Nô, Dão, Silvão, Luís, Jacaré, Edson, Jura, Ivan, Kiko, Rodrigo, família Pessoa, mó respeito Família Jesus, família Andrade, Joãozinho, Rogério, Rodnei, Kiko, Édi, Seu Vileci, brilha no céu, Cássio, Vola, Perninha, Jarrão, Celso Ataíde, e aí, bandido, Chácara, Casa Verde, São Bento, Independência, Grajaú, Vila São José, Morro São Bento de Santos, e aí toda rapa, Juninho, Dinho, Rafa, Mala, Vitor Alberto, Marquinho, Davi, Meire, essas são as pessoas que trincou nas horas difíceis, certo? Valdir, Sandra Bebê e Fátima, time trambicagem, Diego, Pachá, La Roi, Wilian, Cora, Paulinho Bicudo e Tico e Catraca, Fernando Lobão, Paulinho, Mateus, só os forte sobrevivem, tia Vilma, tia Maria e tio Celso...

É interessante perceber que Chico Buarque traz para dentro da letra de sua canção a saudação clássica presente em muitas letras de *rap* como um recurso estilístico que parece exercer a função de aproximar a canção do autor de um determinado modo de fala presente no interior dos *raps* brasileiros.

No entanto, se o compositor se aproxima de um determinado modo de fala em função da manipulação de determinadas estruturas textuais (como a estrutura de uma saudação — *Fala, Pavuna; Salve Cidade Tiradentes*) características de um determinado gênero, ele não se aproxima, em termos dialetais, do gênero *rap*. Por exemplo, nas duas letras acima, há enunciados estruturados na variedade não padrão do português brasileiro, o que não acontece na letra de Chico. Isto mostra que a apropriação se dá de forma a aproximar um estilo de um gênero (no caso, o *rap*) do modo de produção e recepção de outro (a canção), mas não necessariamente em todas as suas facetas.

Por outro lado, a letra de Chico também promove uma aproximação do estilo dos *raps* quando incorpora o uso de expressões idiomáticas (*cara a tapa, carrega a tua cruz, fim de linha*), assim como de gírias (*é lenha, chapa-quente, dá uma ideia, desbanca, quebradas*) ambas muito presentes nos *raps*, e quando incorpora também expressões coloquiais (*é fogo, é foda*) que caracterizam situações informais específicas (como a de reclamação ou de desabafo). Se não há aproximação, em termos dialetais, do estilo do gênero *rap*, há uma apropriação e uma aproximação desse gênero tanto em relação ao modo de fala (a seleção e a manipulação dos recursos acima elencados), como em relação ao ponto de vista que define e organiza os conteúdos proposicionais.

Por exemplo, o compositor Chico Buarque assume, assim como os discursos encenados nos/pelos *raps* brasileiros, um ponto de vista de defesa do "subúrbio". Ele também procura descrever, com o lirismo que caracteriza sua obra, a dura realidade (*"Lá não tem brisa..."*; *Lá não figura no mapa..."*; *"Lá não têm moças douradas..."*; *"Lá não tem claro-escuro, a luz é dura..."*) dessa outra cidade, a quem pede que "desbanque" a outra cidade, *"a tal que abusa de ser tão maravilhosa"*; que "dê uma ideia" "naquela que te sombreia". A oposição estabelecida entre o "subúrbio" e a "outra cidade", que, por sua vez, "abusa de ser tão maravilhosa", que "sombreia" o subúrbio, remete a uma oposição também presente nos *raps*, a saber, a oposição entre espaços sociais e geográficos bastante diferenciados: "o asfalto" & "o morro" (no Rio de Janeiro), "da ponte pra lá & da ponte pra cá" (em São Paulo, capital). Além disso, também como ocorre nos *raps*, o compositor assume um ponto de vista que credita um valor cultural grande a esse espaço social. Tanto é assim que o compositor pede que o subúrbio se mostre em termos culturais: "*Faz ouvir os acordes do choro-canção/ Traz as cabrochas e a roda de samba/ Dança teu funk, o rock/ forró, pagode, reggae/ Teu hip-hop/ Fala na língua do rap...*".

Se, por um lado, podemos dizer que na letra de Chico Buarque ocorre uma manipulação de recursos estilísticos também presentes no estilo do gênero *rap*, tanto em termos da incorporação de um modo de fala, como de um determinado ponto de vista que se aproxima bastante de um ponto de vista daqueles encenados nos/pelos *raps*, por outro lado, em relação aos discursos predominantes no interior do gênero *rap* sobre o que é o valor do subúrbio, ocorre um distanciamento interessante de ser percebido. Se Chico Buarque enfatiza poeticamente a cultura produzida nas favelas, principalmente a cultura musical (*Vai, faz ouvir os acordes do choro-canção/ Traz as cabrochas e a roda de samba/ Dança teu funk, o rock, pagode, forró, reggae/ Teu hip-hop/ Fala na língua do rap*), não se pode dizer o mesmo quando os rappers decidem eleger a periferia como o tema explícito de um determinado *rap*. Vejamos alguns trechos de duas letras de *rap* que tematizam explicitamente a "favela" ou a "periferia":

Periferia é periferia (em qualquer lugar) (Racionais MC's)

Edy Rock	Este lugar é um pesadelo periférico
	Fica no pico numérico de população
	De dia a pivetada a caminho da escola
	À noite vão dormir enquanto os mano decola
	Na farinha, hã, na pedra, hã,
	Usando droga de monte, que merda, hã
	Eu sinto pena da família desses cara
	Eu sinto pena ele quer mas ele não para
	Um exemplo muito ruim pros moleque
	Pra começar é rapidinho e não tem breque
	Herdeiro de mais alguma Dona Maria
Rinaldo BV	Cuidado senhora tome as rédeas da sua cria [...]

Edy Rock Periferia é periferia
Que horas são? Não sei responder

Periferia é periferia
Milhares de casas amontoadas

Periferia é periferia
Vacilou, ficou pequeno, pode acreditar

Periferia é periferia
Em qualquer lugar, gente pobre

Periferia é periferia
Vários botecos abertos, várias escolas vazias

Pe/ pe/ periferia é periferia
E a maioria por aqui se parece comigo

Periferia é periferia
Mães chorando irmãos se matando até quando

Pe/ pe/ periferia é periferia
Em qualquer lugar... gente pobre

Periferia é periferia
Aqui, meu irmão, é cada um por si

Pe/... periferia é periferia
Molecada sem futuro, eu já consigo ver

Periferia é periferia
Aliados, drogados

Pe/ pe/ periferia é periferia
Em qualquer lugar, gente pobre

Periferia é periferia
Deixe o crack de lado escute o meu recado... cado... cado

À minha favela (Rappin Hood)

R.H.	Favela no ar, no ar, no ar
	Na favela, humildade fez sua morada
	Na favela, só quem é anda de madrugada
	Na favela, pra viver tem que ter proceder
	Pra nos becos e vielas você não morrer
	Tem que ser bola de meia ficar na moral
	Os guerreiros valentes sempre passa mal
	Não pode se envolver nem caguetar o vapor
	Salve o povo da favela os batalhador
	Morô?
L1	Fa-fa-fa-fa-fa-favela
Arlindo Cruz	Favela oh
R.H.	Favela oh
Arlindo Cruz	Favela que me viu nascer
	Eu abro meu peito e canto meu amor por você
L1	Favela
Arlindo Cruz	Minha favela
L1	Fa-fa-fa-favela
R.H.	Favela oh
Arlindo Cruz	Favela que me viu nascer
	Eu abro meu peito e canto meu amor por você
L1	Favela
Arlindo Cruz	Só quem te conhece por dentro pode te entender [...]

Como é possível perceber, a "língua do *rap*" é bem diferente, já que busca enfocar e descrever, de forma detalhada e a partir de um ponto de vista que é o de um enunciador que "vivencia" aquela realidade, certas experiências e práticas características das periferias/favelas brasileiras e que são magistralmente encapsuladas nos versos da canção de Chico ("*Lá não tem brisa, não tem verde-azuis/Não tem frescura nem atrevimento*"; "*Casas sem cor/Ruas de pó*"; "*... andam nus/Pelas quebradas os teus exus*"; "*Que futuro tem/Aquela gente toda*").

Se o estilo de um gênero está inextricavelmente associado à unidades temáticas determinadas e à unidades composicionais (Bakhtin, 1979), o trabalho realizado na/pela letra da canção de Chico Buarque é, a um só tempo, um trabalho de manipulação de recursos semióticos diversos que se aproxima de/remete a/invoca o estilo de um outro gênero, no caso, o *rap*, e um trabalho que preserva o estilo do próprio compositor, quando procede à condensações/encapsulamentos de experiências, práticas e impressões tão detalhadamente descritas nos/pelos *raps*, quando estabelece relações intertextuais com outras canções do repertório da música popular, como nos versos "*Que não se pinta/Que é sem vaidade*"; "*É pau, é pedra*", que remetem a versos das canções "Marina", "Amélia" e "Águas de março", quando não se posiciona discursivamente como se fizesse parte daquele "lá", no interior do qual, na verdade, se sente "perdido", "andando em roda". Vale a pena ainda destacar que a própria forma selecionada para a construção dos versos "*Fala Penha/Fala Irajá...*" tanto pode ser percebida como uma saudação às comunidades do Rio de Janeiro, conforme analisamos anteriormente, como também pode ser vista como um pedido mesmo do compositor para que o subúrbio "fale", "se expresse", espalhe sua voz "pelos arredores". Poderíamos dizer, então, que Chico Buarque, ao invocar o *rap* na produção de sua canção, ativamente reconstrói e reconfigura esta última.

Por fim, acreditamos que tanto a canção do compositor Chico Buarque como a crônica de Fernando Bonassi analisadas nesta seção exemplificam bastante bem a compreensão de Bauman e Briggs (1995) do fenômeno da intertextualidade. Para os autores, o estabelecimento de relações intertextuais funciona tanto como uma maneira de dar unidade, limites e ordenação aos textos, como também constitui uma forma de percebê-los com unidades extremamente heterogêneas, abertas e dinâmicas.

5.3 Estratégias de manipulação de intertextualidade tipológica

Nesta seção, continuaremos a discutir as estratégias de estabelecimento de relações intertextuais, agora focando a aproximação e/ou distanciamento que os produtores dos gêneros e dos textos produzem de determinados tipos textuais. Nesta seção, trabalharemos com o tipo narrativo e com as diferentes manipulações que o produtor de um texto pode empreender sobre esse tipo textual, tanto em termos de sua estruturação, como da seleção lexical.

Para Bauman e Briggs (1995), o processo de ligação de enunciados particulares a um determinado modelo genérico necessariamente produz o que eles chamam de *gap intertextual*, um tipo de hiato, de distanciamento dos modelos genéricos precedentes, criado no momento mesmo da produção dos textos. Esse *gap intertextual* pode ser, segundo os autores, relativamente suprimido ou pode ser enfatizado, com importantes efeitos se se toma um ou outro caminho.

Assim, o uso do que eles chamam de "precedentes genéricos", ou ainda, do que chamamos de "precedentes tipológicos", busca alcançar uma transparência genérica e/ou tipológica, *minimizando* a distância entre o texto efetivamente produzido e o gênero ou o tipo ao qual aquela produção textual-discursiva predominantemente se vincula. Esse tipo de estratégia sustenta modos altamente conservadores e tradicionais de se criar a autoridade textual. Se, no entanto, *maximiza-se* e enfoca-se esses *gaps intertextuais*, tem-se, então, a mobilização de estratégias que enfatizam a inovação e a criatividade individual.

No trabalho *A arte de narrar: sobre a constituição das estórias e dos saberes dos narradores da Amazônia paraense* (Bentes da Silva, 2000), na esteira da postulacão de Bauman e Briggs (1995) da noção de *gap intertextual*, a autora propõe que, nas configurações narrativas analisadas, observa-se que são os movimentos do narrador que colocam uma determinada ordem narrativa (Ricoeur, 1995) em movimento. Em outras palavras, esses movimentos do narrador revelam um "trabalho do sujeito sobre o seu dizer" (Geraldi, 1991; Koch, 1997).

Assim, segundo Bentes da Silva (2000), os narradores da Amazônia paraense produzem movimentos ora de aproximação, ora de distanciamento de um determinado tipo de ordenamento textual. Se o narrador se posiciona de forma a *referendar e/ou a se aproximar* da "corrente da tradição" (Bentes da Silva, 2000), ou, ainda, de forma a *minimizar o gap intertextual* (Bauman e Briggs, 1995), eles produzem o que a autora classificou como *conto popular*.

Os narradores produzem o *conto popular* quando avaliam que o ritual de linguagem pressuposto é aquele em que se espera do narrador que ele narre justamente o que já é conhecido, o que faz parte da dimensão temporal da tradicionalidade, o que necessariamente remete a uma memória coletiva. Esta exigência de identidade e de repetição parece ser um dos fatores que constrói a autoridade do narrador, que, nessa situação comunicativa específica, é encarado por seu público como um homem sábio, como aquele possuidor de uma linguagem capaz de "trazer de volta o que desapareceu" (Benveniste, 1988, p. 27), como uma espécie de depositário dos conteúdos importantes para uma determinada comunidade. Assim, este reconhecimento por parte do público de um material que é de todos, de um "estoque comum", é uma das características do conto popular, que é apenas um dos muitos caminhos, dos quais nos fala Umberto Eco, que o narrador aceita trilhar quando entra no grande bosque da narrativa.

Assim, é possível reconhecer nos contos populares uma *sequência de eventos que possui uma determinada "trajetória"* (Toolan, 1988), ou seja, a trama desenrola-se de uma maneira que os conflitos construídos não apresentam modificações fundamentais nas diferentes versões. As modificações encontradas na ordem de apresentação dos conflitos e de suas resoluções não modifica a natureza dos conflitos. As resoluções podem apresentar variações, mas há sempre um tipo que predomina.

Uma grande parte dos contos selecionados para publicação nos três volumes estudados no trabalho da autora (*Santarém conta*, 1995; *Belém conta*, 1995; *Abaetetuba conta*, 1995) traz como tema principal figuras lendárias da região: o boto, a matinta-perera, a cobra grande, o curupira, a mãe d'água etc. Apesar de estas figuras (e algumas características suas, como por exemplo, o fato de o boto transformar-se em um rapaz sedutor de moças) serem conhecidas de um público mais geral, apenas pessoas que possuem uma vivência mais longa na região podem reconhecer determinadas *sequências de eventos* (por exemplo, se um pescador fere um boto, provavelmente ele deverá remediar este ato, tendo que ir curar o boto no fundo do rio) necessariamente presentes neste gênero narrativo. Vamos a um exemplo.

As narrativas sobre a Cobra Grande da Amazônia podem apresentar variações, mas há uma *sequência fixa de eventos* reconhecida e reatualizada pelas pessoas como aquela que é a mais fiel à tradição oral da região: uma mulher está grávida e quando dá à luz, não nascem duas crianças, mas duas pequenas cobras, uma macho e outra fêmea. A cobra macho chama-se Honorato. As cobras são colocadas no rio e lá crescem. A cobra macho é boa e a fêmea é má, gosta de assustar as pessoas. Um dia, Honorato, na impossibilidade de ter uma boa convivência com a irmã, briga com ela, causando-lhe a morte. Depois disso, Honorato começa a aparecer para as pessoas, pedindo que elas o desencantem, ou seja, que o conduzam, após um certo ritual, a sua forma humana. Em algumas estórias, ele consegue seu intento, em outras, não. Observemos a narrativa abaixo, como um exemplo da configuração *conto popular*:

O encanto de Honorato

> Minha avó Isabel me contou que, uma vez, uma senhora ficou grávida e, durante sua gravidez, sentia muita coisa diferente, já que possuía cinco filhos e não havia sentido nada de diferente em outras vezes.
> Quando se aproxima perto do parto, passou mal, que necessitou da presença da velha parteira, mesmo antes da hora do parto. Quando chegou sua hora, em vez de nascer uma criança, nasceram duas cobras brancas. A parteira as batizou com o nome de Honorato e Felizmina. Passaram muitos anos, as duas cobras vivendo nas águas do rio Abaeté. Honorato sempre dava conselhos a sua irmã, pedindo a ela que não se envolvesse com cobra estranha, pois tinha esperanças que, um dia, haviam de se desencantarem e, assim, viverem com pessoas humanas. Livrarem-se desses tormentos e tornarem à forma humana.

Um dia, Honorato foi chamado para resolver um assunto no rio Xingu e teve que deixar Felizmina, a sua irmã, por aqui. Antes de sua partida, recomendou-a do trato que havia feito com ela: que o esperasse, que não se envolvesse com nenhuma cobra do fundo do rio.

Honorato partiu para sua missão. Passou algum tempo por lá e Felizmina pensou que não voltasse mais.

Namorou e engravidou de uma cobra do Moju. Antes um pouco de Honorato regressar, teve notícias de que sua irmã havia se envolvido com uma cobra do Moju e que estava grávida.

Honorato, enraivecido pela traição, resolveu voltar por terra, pois tinha muita pressa. Por onde ele passou, dizia minha avó, que deixou marcas profundas nas terras e nas árvores, pois tão pesado era seu corpo que quebrava árvores pequenas e deixava rastro fundo na terra.

Chegando no rio Moju, travou uma luta tão forte com a cobra, amante de sua irmã, até matá-lo. E deixou sua irmã bastante ferida.

O povo do Moju contava que, durante uns oito dias, não puderam beber água do rio, tanto era o barro misturado na água, que [ ] comparavam com o tucupi.

Felizmina, em consequência da luta, não aguentou os ferimentos e veio a falecer.

Ficou Honorato sozinho, triste e desiludido, pois não conseguira fazer sua irmã mudar de ideia.

Saiu pelos rios em busca de uma pessoa corajosa, que pudesse desencantá-lo.

Apareceu para diversas pessoas. Todos diziam que tinham coragem, mas quando chegava o momento, não apareciam ou não tinham coragem.

Triste, Honorato já estava desesperançoso que um dia fosse desencantar.

De repente, se lembrou de sua mãe, e partiu no mesmo momento, e observou um horário que ela pudesse descer a margem do rio.

Descobriu que, todo dia, ela descia para lavar as peneiras, depois de lavar o açaí.

Um dia, ele apareceu para ela em forma humana e contou sua história e de sua irmã. Sua mãe disse:

— Não é possível. Eu tenho só cinco filhos e nenhum se parece com você — disse.

Aí ele disse:

— Mãe, você se recorda das cobras que você teve e a parteira batizou com o seu leite?

> A mãe disse:
> — Lembro! Honorato!
> Disse:
> — Sou eu, mãe!
> — E tua irmã?
> Honorato relatou o acidente ocorrido e pediu a sua mãe que o desencantasse, pois já estava cansado dessa vida, e queria viver, o resto de seus dias, ao lado de sua mãe, pois se achava muito doente, em consequência da luta que teve de travar com essa cobra da [ ] desconhecida.
> Sua mãe, emocionada, prometeu que o ajudaria, que desencantaria.
> Honorato, feliz, disse:
> — Mãe, compre uma faca nova, que ninguém tenha usado antes. E, meio-dia, em ponto, a senhora venha e retire de minha costa três escamas. Depois, faça um ferimento, de forma que faça sangue. É importante que faça sangue! Fazendo sangue, a senhora me desencanta.
> A mãe acertou tudo. No dia marcado, Honorato apareceu boiado, em forma de cobra, junto a um miritizeiro, que fazia, às vezes, de ponte.
> Sua mãe chegou e, quase morreu de susto, ao ver aquela enorme cobra. Correu chorando e nada fez.
> Honorato apareceu, no outro dia, e implorou que ela o desencantasse, que não tivesse medo, que ele não queria lhe fazer mal algum.
> Ela disse que, dessa vez, iria e não teria mais medo.
> Quando chegou o momento, a mãe de Honorato, com a faca nova, tirou-lhe três escamas da sua costa, mas, quando foi ferir, para tirar sangue, perdeu a coragem...
>
> (Joana Matos, *Abaetetuba conta....*, p. 134-137)

É claro que os contos podem centrar-se em um ou outro aspecto da *sequência de eventos* acima referida. Muitas das narrativas sobre a cobra grande publicadas nos três volumes estudados pela autora, por exemplo, enfocam as tentativas de Honorato de livrar-se de sua triste sina. Mesmo com as variações características da arte de narrar oralmente, alguns narradores vão na direção de possibilitar uma maior preservação dos conteúdos e das estuturas textuais tradicionais, no caso do *conto popular*. Ou ainda, nas palavras de Bauman e Briggs (1995), ao se decidirem por um certo caminho em função, dentre outros fatores possíveis, de uma avaliação da situação comunicativa (por exemplo, o que se espera é que o narrador narre algo já conhecido), os narradores promovem a *minimização* do *gap intertextual* que liga a sua específica produção textual-discursiva a outras produções anteriores, enunciando narrativas bastante similares àquelas já conhecidas pelo público.

Uma outra característica tipológica responsável pela estruturação do *conto popular* está relacionada ao que Câmara Cascudo (1998, p. 11) afirma: para que uma determinada narrativa seja considerada como um conto popular, faz-se necessário que esta "seja omissa nos nomes próprios, localizações geográficas e datas fixadoras do caso no tempo". Assim é que essa restrição (no que diz respeito ao não uso de nomes próprios nos contos populares) possibilita a recorrência de uma específica estratégia de referenciação presente nos contos populares da Amazônia paraense, a saber, o uso predominante de expressões nominais indefinidas, com o objetivo de evitar a individualização dos referentes.

Assim, no conjunto de contos populares analisados no trabalho de Bentes da Silva (2000), os narradores, predominantemente, utilizam no início de suas narrativas expressões nominais indefinidas. Vejamos os exemplos na página seguinte.

Título	Volume	Estratégias de Referenciação
1. Besta boto	Santarém conta	"Era uma rapariga..."
2. A inveja	Santarém conta	"Um rapaz que ficou..."
3. O rico e o pobre	Abaetetuba conta	"Eu vou contar de um rico e um pobre
4. O encanto de Honorato	Abaetetuba conta	"[...] uma senhora ficou..."
5. A ilha da cobra	Abaetetuba conta	"Era uma vez uma bela ilha"
6. Encanto dobrado	Abaetetuba conta	"[...] uma senhora..."
7. A princesa dos doze vestidos	Belém conta	"Era uma vez um rei que tinha uma filha.
8. Boto bonito	Belém conta	"[...] que houve uma festa..."
9. A cobra de prainha	Belém conta	"Existia em Prainha um homem"

Como acontece nas fábulas, os personagens humanos não são os indivíduos, mas protótipos da espécie. Por isso, eles raramente são designados pelo nome; são sim referidos por expressões nominais indefinidas, como na maioria dos contos analisados.

A essas características tipológicas que ligam as atuais produções textuais-discursivas dos narradores da Amazônia a outras narrativas enunciadas anteriormente, a saber, a característica de um esquematismo prévio para a sequência de eventos apresentada e a característica da mobilização da estratégia específica de referenciação por meio de expressões nominais indefinidas, acrescenta-se uma terceira: o predomínio da narração em terceira pessoa. Acreditamos que uma das razões para que ocorra o predomínio da 3ª pessoa nestes contos, como se pode observar pelo quadro acima, é o fato de que este recurso permite ao narrador construir a ilusão de que ele (narrador) não está ali contando uma estória sua, mas apenas "colocando em cena" o discurso das personagens.

Se utilização da primeira pessoa do discurso remete ao "ato de discurso individual no qual é pronunciado, e lhe designa o locutor" (Benveniste, 1988, p. 288), e se o conto popular caracteriza-se por se constituir em uma "voz anônima", "atemporal", que nos fala de coisas de ontem, de hoje e de sempre, então é coerente que o recurso à narração em 1ª pessoa não esteja presente nos contos, dado que a utilização deste recurso atualizaria o que deve ser apagado: a instância de enunciação a partir da qual o discurso é produzido.

A perspectiva adotada pelo narrador é importante porque revela um determinado tipo de relacionamento do narrador com o seu dizer, ou seja, revela que o narrador se constrói como uma instância distanciada, que relata os acontecimentos a partir de um olhar objetivo, que poderia ser assumido por qualquer um. É principalmente a construção de um distanciamento do olhar do narrador em relação aos acontecimentos narrados, aliado ao recurso do esquematismo do enredo, que constrói as características do anonimato, da trans-historicidade e da persistência dos contos populares.

Acreditamos que as análises desenvolvidas até aqui possibilitam afirmar que a *inscrição do narrador na corrente da tradição* (Bentes da

Silva, 2000), ou, no dizer de Bauman e Briggs (1995), a adoção do procedimento de *minimização do gap intertextual* na enunciação de algumas narrativas da Amazônia paraense, não constituem meras repetições, mas revelam um trabalho constante, de natureza intertextual, por parte dos narradores em relação à memória discursiva e em relação ao seu dizer.

A partir de agora, abordaremos a outra maneira de se estabelecer relações intertextuais: a *maximização do gap intertextual*, postulada por Bauman e Briggs (1995), ainda enfocando a manipulação de recursos tipológicos por parte dos narradores da Amazônia paraense.

O uso de recursos tipológicos que distanciam as narrativas produzidas das formas narrativas tradicionais acaba por construir a configuração narrativa denominada *estória oral* (Bentes da Silva, 2000).

A *estória oral* resulta da atitude de "distanciamento" do narrador da corrente da tradição, ou, nos termos de Bauman e Briggs (1995), resulta do procedimento de *maximização do gap intertextual* entre a atual produção textual-discursiva e as produções que a precederam. Como este procedimento de distanciamento se dá na produção das narrativas? Bentes da Silva (2000) mostra que os narradores da Amazônia paraense enfatizam a inovação e a criatividade, utilizando-se de recursos que podem ser descritos como o reverso dos recursos que caracterizam a outra configuração, o *conto popular*.

Em primeiro lugar, a estória oral caracteriza-se não pela presença de um enredo fixo, "publicamente partilhado", como nos contos populares, mas por uma reelaboração mais radical dos elementos da tradição oral. Vejamos o exemplo abaixo, numa comparação com a narrativa O encanto de Honorato, transcrita anteriormente:

O bicho

> A cobra grande existe na Amazônia, rica, bela e cheia de mistérios. Uma história verídica. Dona Maricota e seu Jovino moravam na boca do Paraná do Limão, que fica a poucos quilômetros de Parintins. Viviam sozinhos, porque os filhos e os netos moravam na cidade. Cuidava dos

bichos, das plantas e o seu Jovino pescava para o sustento da família. Mas foi naquela tarde em que dona Maricota estava capinando o terreiro, que encontrou uma pequena cobra, do tamanho de uma lapiseira. De tão pequena que era, Dona Maricota resolveu não matar o bicho. Colocou dentro de uma garrafa e começou a lhe dar bichinhos, gafanhotos, baratas. Até que um dia, em que a cobra não podia ficar mais dentro da garrafa, resolveu colocá-la numa caixa de sabão. Aí, ela não precisava mais dar bichinhos para a cobra, porque ela já sabia se cuidar. Saía à noite para pegar ratos e outros tipos de animais menores, como sapos, que ela se alimentava.

Um dia, o seu Jovino estava pescando, quando sentiu que alguma coisa tinha subido na sua canoa, no seu pequeno casco. Quando ele olhou, era a cobra, ela estava lá na popa da canoa, enroladinha. E ficou esperando seu Jovino pescar.

Quando ele voltou para casa, a cobra também veio junto. E foram passando os anos. Aquela situação ficou rotineira. Todas as vezes que seu Jovino ia pescar, quando lá no lago... sentia que alguma coisa subia na canoa e observava que era a cobra. Ela foi ficando maior, cada vez maior, até que, às vezes, quando ela subia no casco, dava a impressão que era uma pessoa que estava ali na popa da canoa. E veio a enchente grande de 1958. Aquela que acabou com tudo no interior, nas várzeas, E o seu Jovino e Dona Maricota tiveram que se mudar para a cidade, mas não levaram a cobra. Deixaram lá na casinha, na boca do Limão.

Uma noite, quando eles estavam jantando na cidade no bairro de São José do Operário, onde fica o Garantido, olharam e viram que uma cobra estava chegando. Entrou pela cozinha, se agasalhando ali num cantinho para passar a noite. E voltou-se a rotina novamente a acontecer. Todas as tardes, a cobra viajava lá da boca do Limão até o São José Operário, para dormir na casa dos seus donos. E aquela situação começou a chamar a atenção dos pescadores, porque a cobra estava enorme e, com aquela viagem que ela fazia do Limão para a cidade, ela assustava os pescadores. Deixava todos com medo, porque se tornou uma cobra grande.

E eles se reuniram: dez, quinze, vinte pescadores e, numa tarde, resolveram matar a cobra grande. Todos arpoaram a cobra. Todos juntos com seus arpões de pesca enfrentaram a cobra grande e conseguiram matar o animal. Já estava medindo trinta palmos... E ela foi levada para a cidade, morta. Foi exposta na praça pública para que todos vissem que, na Amazônia, existe mesmo a cobra grande.

(Armando Carvalho, *Santarém conta...*, p. 36-38)

É possível dizer que a *estória oral* caracteriza-se não pela presença de uma sequência de eventos "publicamente partilhada", como nos contos populares, mas por uma reelaboração mais radical dos elementos da tradição oral. Na narrativa acima, ocorre a reelaboração da trajetória de uma personagem da tradição oral da Amazônia, a cobra-grande. Esse modo de se relacionar com as narrativas anteriormente enunciadas sobre a cobra-grande se dá porque o "projeto de dizer" do narrador é o de provar para seu interlocutor que a cobra-grande existe, que "é rica, bela e cheia de mistérios". Para tanto, o narrador retira (o quanto pode) o caráter mítico da personagem: a cobra não é "encantada" (porque nasceu de uma mulher, e, por alguma razão, é obrigada a cumprir o fado de ser cobra), mas apenas um animal de quem uma mulher se condoeu (por ser muito pequeno), resolvendo ajudá-lo a crescer.

No entanto, o recurso ao maravilhoso (característico também dos contos populares) mostra-se obrigatório: a cobra é um animal tão dócil que acaba comportando-se como um outro animal doméstico qualquer, ou seja, tem donos e afeição por eles: faz companhia para o dono nas pescarias, volta para casa para dormir, vai atrás dos donos quando estes se mudam. Esta característica da docilidade também se encontra presente em Honorato, a cobra-grande macho das estórias tradicionais, que está sempre preocupado em não assustar ou fazer mal às pessoas, apenas desejando ser desencantado.

A complicação desta estória inicia-se, justamente, na mudança das personagens principais do interior para a cidade. A partir daí, a cobra-grande passa a ser notada não só por seus donos, mas por toda a comunidade de pescadores da região, que tinha medo dela em razão de seu tamanho. E para resolver esta situação, os pescadores decidem matar a cobra-grande. Enfrentam a cobra e conseguem matá-la, expondo-a em praça pública, para que todos vissem o seu tamanho, "trinta palmos", segundo o narrador.

Como foi possível perceber, a produção de *estórias orais* pressupõe o estabelecimento de relações intertextuais mais distanciadas em relação às narrativas que foram anteriormente enunciadas sobre um determinado personagem da tradição oral da Amazônia, como a cobra-grande ou o boto.

A personagem é ainda tematizada, mas as permanências (por exemplo, as características tradicionais das personagens e uma sequência de eventos publicamente partilhada) não são asseguradas em sua totalidade. Assim, a cobra-grande descrita pelo narrador da estória *O bicho*, guarda algumas semelhanças com Honorato, a personagem dos contos. Mas os conflitos gerados na trama envolvendo a cobra são, em sua maioria, muito diferentes daqueles que envolvem Honorato, e acabam por levar a uma resolução completamente nova: os pescadores enfrentando e matando a cobra-grande.

Falemos agora de uma segunda característica tipológica que liga as atuais produções textuais-discursivas dos narradores da Amazônia a outras narrativas enunciadas anteriormente, a saber, a mobilização de determinadas estratégias de referenciação. Ao contrário do que acontece na produção dos *contos populares*, onde ocorre um uso predominante de expressões nominais indefinidas, na produção desta outra configuração narrativa, a *estória oral*, esse predomínio não é absoluto. Ao trilhar o caminho das estórias orais quando adentra o bosque da narrativa, o narrador revela um comprometimento muito menor com as "fórmulas" que caracterizam a tradição. É somente considerando este "descompromisso" que se pode compreender a variedade de modos que os inícios das estórias orais apresentam: o recurso à pronominalização (7 ocorrências), às expressões nominais definidas (5 ocorrências), às expressões nominais indefinidas (3 ocorrências), a nomes próprios (1 ocorrência) e à elipse (2 ocorrências). Além disso, como foi afirmado anteriormente, se as estórias orais caracterizam-se por mostrar mais explicitamente o "intuito discursivo" do narrador, então, não há mais razão para construir o apagamento da instância discursiva na qual aquela determinada estória é produzida. Isto propicia mais frequentemente os inícios em primeira pessoa (marcada ou não marcada) e os inícios com expressões nominais definidas que apresentam pronomes possessivos relacionando o referente textual ao narrador ("Esse meu pai de criação", "A minha tia"). Vejamos o quadro de exemplos:

Título	Obra	Estratégias de referenciação
1. O boto e o rapaz	Santarém conta	<u>Ele</u> ia lá pro barco, né?
2. O bicho	Santarém conta	<u>Dona Maricota</u> e <u>Seu Jovino</u> moravam...
3. A morta viva	Santarém conta	<u>Eles</u> moravam longe...
4. Parece mentira, mas não é	Santarém conta	Era uma noite, quando <u>eu</u> saí para pescar...
5. Fut	Santarém conta	Carnaval! Aí, minha filha, quando foi sábado, <u>ele</u> disse...
6. A porca noturna	Santarém conta	<u>A mulher</u> virava porca.
7. Essas coisas que aparecem	Abaetetuba conta	Outra vez, <u>eu</u> fui lanternar com um colega, sabe?
8. Uma visita	Abaetetuba conta	<u>Esse meu pai de criação e cunhado</u>, finado Raimundo, ele contava muito, muito, muitos casos de visagem...
9. Tormento	Abaetetuba conta	Era uma vez <u>um rapaz</u> que se chamava Doca.
10. Só eu vendo	Abaetetuba conta	<u>A minha tia</u> foi chamada, numa certa ocasião, para cuidar de um homem...
11. Sherlock de Barcarena	Abaetetuba conta	Depois de um dia cheio de trabalho, *<u>voltava</u> para casa...
12. Defunto pesa	Abaetetuba conta	<u>O irmão mais velho</u> foi e disse....
13. O ogre	Belém conta	Era <u>um rapaz</u> que ele... Era <u>uma moça</u>...
14. Um luxo de matinta	Belém conta	Era <u>duas moças</u> amiga, amiga, amiga.
15. Vira, vira porco	Belém conta	Tem <u>uma ilha</u> que chamam...
16. A coragem de Teresa	Belém conta	A Teresa... <u>Nós</u> morávamos muito tempo lá...
17. O bloco	Belém conta	Numa tarde de Carnaval, né? Era até Domingo gordo. <u>Nós</u> saímos e fomos para a praça...
18. Quem é essa mulher	Belém conta	Era uma vez... Aconteceu verídico, certo? Ah! Ah! Ah! *<u>Trabalhava</u> na linha do Souza. Eu, Elson Cardoso Neves, motorista do ônibus, do carro 20.

Como argumentamos anteriormente, na produção dos contos populares, uma de suas formas de estruturação é a não remissão à instância do discurso que a produz, já que é exatamente o apagamento desta instância que confere a elas o seu caráter anônimo, trans-histórico e a faz sobreviver como memória coletiva.

Já uma grande parte das estórias orais é contada em 1ª pessoa do singular ou do plural. Um exemplo são as estórias sobre a matinta-perera,[3] que é definida como uma pessoa (homem ou mulher) que cumpre um fado de, durante a noite, transformar-se em um pássaro preto que emite um assobio assustador. Em geral, ela assombra a casa de alguém. Se a pessoa quer se livrar da perseguição da matinta, deve cumprir um ritual de, ao ouvir seu assobio, prometer-lhe uma cachimbada de tabaco. No outro dia, se aparece alguém pedindo um pouco de tabaco, a pessoa é identificada como a matinta-perera. Descoberta a identidade da matinta, ela para de perseguir aquela pessoa ou família. Às vezes, a estória é apenas sobre o contato que alguém tem com a matinta enquanto está andando à noite na mata ou pescando ou caçando. O interessante é que este enredo, na maioria das vezes, é contado em 1ª pessoa. Quando é contado em 3ª pessoa, o narrador revela uma grande proximidade com a personagem que tem a experiência com a matinta (ou é seu pai, sua mãe, seu tio etc.). Vejamos alguns exemplos do uso da 1ª pessoa:

> "Quando eu tinha 13 anos de idade, eu e minha família morávamos no interior, no rio Anequara. Numa certa noite, já estávamos preparados para dormir, e estava todo mundo conversando na sala e, de repente, a gente [...] Nós ouvimos o assobio da matintaperera." (Maria Raimunda P. Fonseca, *O tabaco da tia, Abaetetuba conta*, p. 56-57)

---

3. Fares (1997), na tentativa de fornecer uma explicação histórica desta personagem do folclore da região, cita Veríssimo (1887), que ressalta a existência de uma avezinha nas matas que canta matin-ta-pe-re. Para o autor, não é possível saber se a origem da crença indígena (de que esta ave é mensageira de augúrios sobrenaturais) provém do canto do pássaro.

> "Fomos pra caçar. Aí, quando chegou lá, dentro da mata... quando dei: a matinta perera assobiou na minha frente. Eu disse: — Agora que eu estou enrascado." (Luís Soares Alves, Ouvi a matinta, *Santarém conta...*, p. 106)
>
> "Um dia aconteceu comigo, com o Raimundo meu irmão e a Joana minha irmã. [...] Quando nós voltamos, era assim, uma meia-noite. Desde o meio do rio, nós começamos a ouvir aquele grito, aquele assovio da matintaperera." (Sebastiana Rodrigues, Matintaperera, *Abaetetuba conta...*, p. 151-153)

Uma característica discursiva que pode ser articulada aos aspectos elencados acima é o fato de que a maioria das estórias orais tratam de repentinas aparições fantasmagóricas, colocando em pauta o tema da morte. Em termos numéricos, as estórias que têm esse tema encontram-se em uma quantidade bastante superior a todas as outras. Em geral, essas estórias nos falam das experiências do narrador e/ou dos personagens (por isso, o uso da primeira pessoa) com aparições, fantasmas, "visagens" de todo tipo, como se diz na Amazônia. O interessante é que a estória progride a partir de um fato rotineiro, que se transforma em uma estória digna de ser relatada porque, de repente, o "extraordinário" irrompe. Este fato rotineiro evidencia que a esfera social na qual se desenvolvem as ações das estórias é aquela em que homens e mulheres comuns são retratados, em suas ações cotidianas e singulares: em uma pescaria (Essas coisas que aparecem), em um momento de descanso (Uma visita), em uma viagem curta (Sherlock de Barcarena), em um passeio no Carnaval (O bloco), no trabalho (Quem é essa mulher?).

Por fim, gostaríamos de mostrar um exemplo de uma narrativa de fora daquelas analisadas por Bentes da Silva (2000), coletada no contexto de ensino-aprendizagem do MOVA — Movimento de Alfabetização de Jovens e Adultos, e publicadas em 2004, pela Prefeitura de Belém, que, a nosso ver, constitui uma configuração híbrida, que mistura os aspectos tipológicos das duas configurações narrativas aqui analisadas, o conto popular e a estória oral.

Essa história foi contada por um senhor que era vigia na escola, então, sempre a gente se reunia para ouvir as estórias dele, ele é conhecido como seu Jaburu. Então, ele conta que no antigo presídio tinha um soldado que era muito corajoso, mesmo! Aí fugia um preso e geralmente ele ia atrás, qualquer hora da noite, podia ser de madrugada, ele ia mesmo! Então, fugiu, teve uma turma de preso que fugiu, então, dois foram pro vai quem quer, que chamam Pedra Branca no caso e ele saiu no cavalo dele e foi embora... só que quando ele ia pelo caminho, ia uma mulher de branco, sempre com um cabelão no rosto procurando por ele, atrás dele e ele parava o cavalo e a mulher parava também, ele continuava, a mulher continuava.

Teve certa altura do caminho que ele chegou e perguntou, parou, né, voltou com o cavalo até ela, aí ela recuou, aí ele perguntou: Por que tu tem medo de mim? Quem és tu? Perguntou pra ela, né, aí ela parou e ela disse: você é muito corajoso pra mim enfrentar! Aí, ela pegou e disse: Olha! eu tenho uma proposta pra fazer pra você, eu lhe digo onde está os presos e você me desencanta, porque eu sou encantada. Aí, como ele não tinha medo, ele aceitou a proposta, foi, pegou e ela disse assim mesmo pra ele: o preso está em tal lugar, mas tal dia você vai ter que me encontrar lá na praia, você leva o seu facão e eu vou tá lá, aí vai chegar uma maresia, você não tem medo, aí vem a segunda maior ainda, mas você não fique com medo, aí ele disse: não, mas eu não tenho medo de nada! E assim ele fez, foi e pegou os bandido, né? No caso, os presos... e levou de volta pro quartel e no outro dia ele tava meia-noite na Pedra Branca tudo; quando ele ficou esperando meia-noite apareceu a primeira maresia, depois apareceu a segunda, muito maior, alta e a terceira muito mais alta, aí ela disse: eu venho em forma de cobra, mas não vá se assustá quando aparecer, vai aparecer só o rabo, então você fura o seu dedo, fura o rabo né? E pingue o sangue e eu vou me desencantar, aí, tá bom, só que quando apareceu a terceira maresia, era tão grande, tão grande, que ele se assustou e quando ele viu o rabo da cobra, ele ficou tão apavorado, que aí ele não teve coragem de fazer o que ela mandou e ele saiu correndo e ela gritou: Você redobrou meu encanto! E por isso você vai ter o castigo que merece, no caso, a moral da história: ele ficou doidinho, morreu doido, ficou doidinho, voltou doidinho da praia, tudo, acontece que ele morreu doido e segundo a lenda dizem que o dia que desencantarem ela, Mosqueiro afunda e Cotijuba vira cidade. (Fala de Alessandra Gemaque, alfabetizadora de Cotijuba, que faz parte do conjunto de textos orais contados por

> alfabetizandos/as e alfabetizadores/as da ilha de Cotijuba[4] — PA — Anexo da Escola Bosque — Faveira. In: *Ecoando histórias entre rios, ruas, trilhas e igarapés*, 2004, p. 46)

Se por um lado, reconhecemos imediatamente a escolha da narradora pela configuração *estória oral*, por iniciar sua história a partir de um fato do cotidiano de um soldado que trabalhava em um presídio (que de fato existiu e funcionou entre 1968 e 1977, conforme explicações da nota 4) na ilha de Cotijuba, por fazer a remissão à específica instância de onde o discurso provém (um vigia da escola que ela frequentava, o seu Jaburu), por trazer o tema da aparição, da "visagem", do extraodinário que irrompe no cotidiano, também reconhecemos em sua narrativa a presença de aspectos tipológicos que caracterizam o

---

4. Os primeiros habitantes da Ilha de Cotijuba foram os índios Tupinambás, que a batizaram com este nome. Em tupi, cotijuba significa "trilha dourada", talvez uma alusão às muitas falésias que expõem a argila amarelada que compõe o solo da ilha. A integração da ilha à cidade de Belém se iniciou em 1784, com a comercialização do arroz cultivado no Engenho Fazendinha. Com a desativação do engenho, a ilha passou a ser habitada, também, por famílias caboclas que sobreviviam do extrativismo. Em 1933, quando a criminalidade infanto-juvenil em Belém atingiu índices alarmantes por conta da estagnação econômica regional, após o declínio do Ciclo da Borracha, foi inaugurado, na ilha, o Educandário Nogueira de Faria, construído para abrigar menores infratores. Durante a ditadura militar, as instalações do educandário também abrigaram presos políticos. Em 1945, imigrantes japoneses chegaram à ilha, ensinaram técnicas agrícolas aos educandos e, em 1951, fundaram a Cooperativa Mista de Cotijuba Ltda., em parceria com os agricultores locais. Em 1968, foi construída uma penitenciária na ilha e, por algum tempo, educandário e presídio coexistiram. Porém, logo o educandário foi extinto e a ilha se transformou em ilha-presídio, recolhendo condenados e presos políticos, adultos e menores, com um sistema penal violento e arbitrário. Os menores e os presidiários construíram o sistema viário que se mantém pouco modificado até os dias atuais. Em 1977, com a inauguração da Penitenciária Estadual de Fernando de Guilhon, em Americano, a Colônia Penal de Cotijuba foi, definitivamente, desativada. O estigma de ilha-presídio povoou o imaginário da sociedade paraense, mantendo-a à distância. A Constituição Brasileira de 1988 transferiu Cotijuba ao domínio municipal de Belém, quando houve o despertamento do interesse de veranistas atraídos pela riqueza da sua biodiversidade e pela sua proximidade da capital paraense. Em 1990, através de Lei Municipal, a Ilha de Cotijuba foi transformada em Área de Proteção Ambiental, fato que obriga a preservação das suas ricas fauna e flora e proíbe a circulação de veículos motorizados, exceto os de segurança e saúde. Disponível em: <http://cotijuba.com/index.php?option=com_frontpage&Itemid=1>. Acesso em: 14 jan. 2007.

conto popular, principalmente a presença de parte da sequência de eventos que constituem a clássica narrativa sobre a cobra-grande.

Podemos dizer que o que ocorre aqui é que a narradora se utiliza, para a estruturação de sua narrativa, de duas personagens da tradição oral da Amazônia, a mulher de branco e a cobra-grande. Parte de sua narrativa, então, é estruturada em torno da história que envolve a mulher de branco, uma aparição fantasmogórica que, em geral, apenas assusta as pessoas, mas não se dirige a elas; a outra parte da sua narrativa confere características à personagem da mulher de branco que são tradicionalmente atribuídas à cobra-grande; além disso, produz um enredo em que a mulher de branco toma a forma de cobra na hora da realização do seu desejado "desencanto", enredo este publicamente partilhado pelo público, o que caracteriza o conto popular.

Essas configurações hibrídas são bem mais frequentes do que podemos imaginar e servem para nos lembrar de que as estratégias de estabelecimento de relações intertextuais, postuladas por Bauman e Briggs (1995), por meio da *maximização* ou *minimização* dos *gaps intertextuais*, também discutidas no trabalho de Bentes da Silva (2000), nos termos de uma aproximação e/ou distanciamento dos narradores da "corrente da tradição oral", são apenas categorizações provisórias e dinâmicas que nos ajudam a compreender um pouco melhor o complexo trabalho do sujeito sobre o seu dizer e sobre os diferentes "todos discursivos" — gêneros, textos — dos quais lança mão e que são, a um só tempo, instrumento e produto de suas ações/produções textuais-discursivas.

CAPÍTULO 6

INTERTEXTUALIDADE — OUTROS OLHARES

Muitas das tipologias de intertextualidade são tributárias das relevantes observações de Gérard Genette, em *Palimpsestes* (1982). Genette tratava, de modo geral, os diálogos entre textos como *relações de transtextualidade*, a transcendência textual, tudo o que põe em relação, ainda que "secreta", um texto com outros e que inclui qualquer relação que vá além da unidade textual de análise. O autor subclassificou as transtextualidades em cinco tipos, dentre eles aquilo que chamou de *intertextualidade* "num sentido reduzido".

6.1 A "intertextualidade restrita" de Genette

A *transtextualidade* por *intertextualidade restrita* diria respeito a relações de copresença entre textos e seria identificada "pela presença efetiva de um texto em outro" (cf. p. 8). Aqui, estão abrigadas as *citações* com aspas (mais modernamente, elas aparecem com outras espécies de grifo, como o itálico ou o negrito), não importando que se apresentem com ou sem referência de autoria, como nos trechos sublinhados a seguir:

> (1) Na seleção dos textos de homenagens ao poeta centenário, a professora Tânia Carvalhal, organizadora de sua obra completa pela Editora Aguilar, escolhe, entre outros, um poema de Cecília, "Quintanares", que começa assim: "<u>O Natal foi diferente/ porque o Menino Jesus/ disse à Senhora Sant'Ana:/ 'Vovozinha eu já não gosto/ das canções de antigamente/ cante as do Mário Quintana!'</u>". A leitura do trecho mostra que a poesia de Mario tinha para ela um valor especial, comparável ao retrato na parede de que se falou há pouco. Trata-se de versos como que embalados pra presente, revelando uma leitora sensível, pronta a desvendar os segredos de composição do amigo. Nesse caso, exatamente, a acuidade na apreensão do pensamento fantasioso, típico do mundo infantil. Aliás, em "Da mesma idade", é ele mesmo quem afirma: "<u>A criança que brinca e o poeta que faz um poema/ — Estão ambos na mesma idade mágica!</u>". Cecília re-interpreta, pois, com palavras suas, a dimensão do imaginário infantil, tão presente em Quintana, e que aqui aparece configurado num abracadabra que mescla sem cerimônia o divino e o humano. E, pintando esse quadro singelo, a poetisa reedita uma lição do amigo: o cotidiano é terra encantada para quem sabe vislumbrá-lo. (Fernanda Coutinho — no artigo de opinião "O bambolê de saturno" — Jornal *O Povo*, 29 jul. 2006)

Observe-se que, em (1), um trecho do poema de Cecília Meireles é introduzido no artigo da pesquisadora Fernanda Coutinho com uma assinalação de dois-pontos e com uma referência explícita à autoria do excerto. Pela definição de Genette, este é o caso das *citações* explicitamente marcadas, e mais, com marcas mais convencionalmente aceitas, de inserção de componentes de um texto em outro. Elas instruem o coenunciador a identificar uma divisão de vozes, de alteridades, que, no exemplo em foco, estão bastante demarcadas. A fonte da enunciação é declaradamente imputada à poetisa, por isso, podemos afirmar que estamos diante do que Koch (1997, 2004) chama de *intertextualidade explícita*.

Conforme Piègay-Gros (1996), as *citações* podem exercer funções discursivas várias, dentre elas a da autoridade e a da ornamentação.

Uma *citação* apropriada pode cumprir o objetivo de reforçar o efeito de verdade de um discurso, autenticando-o, pois quem melhor que um especialista para confirmar, para corroborar, com ciência do assunto, as conclusões do autor? No contexto da obra literária, então, uma *citação* bem escolhida pode lançar luzes ao romance, enriquecendo o seu significado, expondo as intenções dos personagens por meio de inúmeros recursos estilísticos.

Mas a *intertextualidade restrita*, de Genette, também inclui os casos de implicitação da referência ao autor da citação (ou seja, de *intertextualidade implícita*, nos termos de Koch, 1997 e 2004), como no exemplo a seguir, que faz alusão a vozes que, pelo conhecimento cultural partilhado, com certeza pertencem aos pais ou a qualquer adulto a quem compete cuidar de crianças. A fonte da enunciação não é explicitada e, na verdade, pode ser reportada a um *enunciador genérico*, de que já tratamos nesta obra e que retomamos abaixo:

(2) * Brinquedo só no Natal. Bife de fígado toda semana. E depois você se pergunta por que há tanta criança traumatizada no mundo... (Brinquedos Estrela)

Sobre a referência que pode ser feita ou não à autoria das *citações*, Koch (1997, 2004) classifica, de acordo com o critério do tipo de autoria, três casos diferentes de intertextualidade: com *intertexto alheio*, com *intertexto próprio* e com *enunciador genérico*; e, de acordo com o critério da expressão ou não da autoria, os casos de intertextualidade *explícita* e *implícita*.

Na primeira categorização, quando se trata de autoria alheia, o *intertexto*, ou seja, as coincidências de fragmentos de textos se constroem pela inserção no texto da voz de um outro locutor, nomeado ou não, e introduzidos ou não por expressões prototípicas (*segundo fulano, de acordo com sicrano* etc.). É o que se dá no exemplo (1), apresentado anteriormente, em que a fonte da voz dentro do texto é atribuída primeiro a Cecília Meireles, depois a Mário Quintana.

Quando se trata de *"intertexto próprio"*, as coincidências, ou interseções, são elaboradas pela retomada de segmentos de textos do próprio autor, numa espécie de autotextualidade. A situação é muito recorrente em gêneros do discurso acadêmico, em que o autor faz menção a formas e conteúdos utilizados em outro de seus trabalhos, como em (3), a seguir, em que o linguista John Swales critica uma declaração anterior sua (de que o propósito comunicativo era o parâmetro privilegiado na identificação de um gênero), para reconsiderá-la neste artigo em questão:

> (3) Como pode o propósito comunicativo ser mantido como um critério orientador "privilegiado" (Swales, 1990), se ele é tipicamente indescritível *a priori*, se só pode ser estabelecido após pesquisa considerável e se pode gerar discordâncias entre os especialistas "de dentro" e os analistas de gênero "de fora", ou até mesmo entre os próprios especialistas? Neste trabalho, primeiramente tentamos esclarecer melhor essa situação paradoxal, depois discutimos alguns casos ilustrativos da dificuldade de se determinar o propósito comunicativo e, finalmente, sugerimos um procedimento que permite que o importante (especialmente em contextos aplicados) conceito de propósito comunicativo seja mantido.

Observe-se que, nestes dois últimos exemplos, é possível constatar, no intertexto, tanto o tipo de autoria, alheia ou própria, quanto o fato de a referência ao autor da fala vir explícita ou implícita.[1]

Quando se trata de "enunciador genérico" — que até poderia ser enquadrado nas situações de "intertexto alheio" —, o segmento de texto alheio introduzido não pode ser atribuído especificamente a um enunciador: faz parte do repertório de uma comunidade, como acontece com os provérbios, ditos populares e clichês, que podem introdu-

---

1. A intertextualidade só será explícita quando houver citação da fonte da citação no intertexto, como acontece no discurso relatado, nas citações e referências; ela será implícita quando não houver citação expressa da fonte, cabendo ao interlocutor recuperá-la na memória para construir o sentido do texto, como nas alusões, na paródia, em certos tipos de paráfrases e de ironia.

zir-se em inúmeros gêneros, às vezes para reforçar um ponto de vista, às vezes para subverter por completo o conteúdo socialmente convencionado, como em:

> (4) Aprenda uma coisa: o mundo não gira em torno de você... Só quando você bebe demais. (frases que circulam na internet)

Foi pensando na função argumentativa que o recurso à intertextualidade pode desempenhar que Koch (1997, 2004), retomando Sant'Anna (1988), sugeriu uma outra dicotomia, desta vez não pautada por critérios de referência da autoria, nem por um parâmetro de explicitude: trata-se da *intertextualidade das semelhanças* e *das diferenças*. Na primeira, o intertexto contém um texto (próprio ou alheio) usado para seguir-lhe a orientação argumentativa e, frequentemente, para apoiar nele a argumentação (por exemplo, no argumento por autoridade), o que corresponderia, por um aspecto, ao que Maingueneau (2001) discute como *valor de captação*. Na segunda, isto é, na intertextualidade das diferenças, o texto incorpora um outro texto, como no exemplo (4), acima, para ridicularizá-lo, para mostrar sua improcedência ou, pelo menos, para colocá-lo em questão (como se verifica na paródia, na ironia), o que guarda alguma equivalência com o que Maingueneau denomina de *valor de subversão*.

Saliente-se que, ao contrário dos tipos até então examinados, este se deixa guiar por um olhar mais funcional, em direção a certos propósitos argumentativos elaborados em um dado gênero afinado a um dado discurso.

Retomando a classificação de Genette, na *intertextualidade restrita*, que compreenderia as relações de copresença entre textos, o autor inclui ainda, além da *citação*, a *alusão* e o *plágio*. A *alusão*, para o autor, se dá quando um enunciado supõe a percepção de uma relação entre ele e um outro ao qual remete tal ou tal de suas inflexões, que só são reconhecíveis para quem tem conhecimento do texto-fonte.

Essas relações de copresença, do modo como concebidas por Genette, foram, mais tarde repensadas por Pièguy-Gros (1996), igualmente para uma análise de textos literários. Para Pièguy-Gros, as intertextualidades por copresença podem, em primeiro lugar, ser separadas em *explícitas* e *implícitas* — saliente-se que tais noções não têm o mesmo sentido com que foram empregadas por Koch (1997 e 2004). A intertextualidade *explícita* seria marcada por um código tipográfico ou por menção, enquanto que a *implícita* dependeria exclusivamente do leitor para recuperá-la — concernem, pois, ao uso ou não de formas convencionais de assinalação do intertexto, e nada têm a ver com a referência ou não à autoria da fonte.

Nas intertextualidades *explícitas* por copresença, que contêm, como dissemos, a *citação*, já fartamente analisada anteriormente, Pièguy-Gros acrescenta o que chama de *"referência"*, como em (5):

> (5) Nem eu, nem tu, nem ela, nem qualquer outra pessoa desta história poderia responder mais, tão certo é que o destino, como todos os dramaturgos, não anuncia as peripécias nem o desfecho. Eles chegam a seu tempo, até que o pano cai, apagam-se as luzes, e os espectadores vão dormir. Nesse gênero há porventura alguma coisa que reformar, e eu proporia, como ensaio, que as peças começassem pelo fim. <u>Otelo</u> mataria a si e a <u>Desdêmona</u> no primeiro ato, os três seguintes seriam dados à ação lenta e decrescente do ciúme, e o último ficaria só com as cenas iniciais da ameaça dos turcos, as explicações de Otelo e Desdêmona, e o bom conselho do fino <u>Iago</u>: "Mete dinheiro na bolsa." Desta maneira, o espectador, por um lado, acharia no teatro a charada habitual que os periódicos lhe dão, porque os últimos atos explicariam o desfecho do primeiro, espécie de conceito, e, por outro lado, ia para a cama com uma boa impressão de ternura e de amor:
> Ela amou o que me afligira,
> Eu amei a piedade dela.
>
> (Machado de Assis, *Dom Casmurro*, cap. 72)

É preciso não confundir o que estamos tratando, nesta obra, como processos de referenciação com o que Pièguy-Gros toma, em sua tipologia, por intertextualidade por *referência*. Esse tipo intertextual de copresença por *referência* nos parece pouco claro na descrição da autora, mas pode ser pertinente se for redefinido como uma remissão explícita a personagens ou a entidades outras presentes num dado texto, como se faz com os personagens de Shakespeare, em (5). Para Pièguy--Gros, a *referência* (assim como a *citação*) remete o leitor a um outro texto, embora "não o cite literalmente". Mas perguntamos, se "não cita literalmente", não se poderia perfeitamente classificá-la como um caso de *alusão*, que se caracteriza naturalmente pela implicitude de sua referência? Se assim o for, a distinção entre a *alusão* (que é implícita) e *referência* (que é explícita) pode cair por terra. Por isso, sugerimos que, para manter a *referência* como um tipo de intertextualidade *explícita* de copresença, é mais coerente considerá-la como uma remissão direta ou ao próprio texto como um todo, como no exemplo (6), abaixo, sobre o manual da CID-10.

> (6) A pessoa que pesa menos que 85% do peso considerado normal para a idade e altura costuma ser um dado valioso para se pensar em anorexia. A CID-10 (Classificação Internacional de Doenças) recomenda que a pessoa tenha um Índice de Massa Corporal (IMC) igual ou inferior a 17,5 kg/m² sugestivo de anorexia. O IMC é calculado dividindo-se o peso em quilogramas pela altura em metros. Essas medidas ou índices são apenas diretrizes sugeridas para o clínico, pois não é razoável especificar um padrão único para um peso normal mínimo aplicável a todos os pacientes de determinada idade e altura. Ao determinar um peso normal mínimo, o médico deve considerar não apenas essas diretrizes, mas sobretudo a constituição corporal e a história ponderal do paciente. (Carlos Alberto G. Oliva e Ulysses Fagundes. In: Página Interessante — *Aspectos clínicos e nutricionais dos transtornos alimentares*)

Pode também haver *referência* a um referente que se sabe ser mais convencionalmente pertencente a um texto, como, por exemplo, na remissão a personagens de obras literárias, humorísticas, publicitárias etc., como em (5) em relação a Otelo, Desdêmona e Iago.

Preferimos, portanto, dizer que a menção direta aos personagens constitui um caso de intertextualidade explícita por *referência*, ao passo que a remissão indireta à obra a que as entidades pertencem é um caso de intertextualidade explícita por *alusão*.

Se é relativamente simples fornecer exemplos de referência a personagens literários, pode não ser tão fácil identificar a "paternidade" de um referente em todos os demais textos não literários. Assim, não temos dificuldade em reconhecer como uma situação de intertextualidade a menção a um personagem das histórias de Walt Disney em trechos de um texto humorístico, como (7):

(7) Se o Pato Donald não usa calças, por que ele usa uma toalha enrolada na cintura quando sai do banho? (*Frases legais* — texto divulgado na internet)

Mas, certamente, não podemos considerar como intertextualidade outro tipo de referência a entidades quaisquer, ainda que mundialmente conhecidas, como em outro trecho do mesmo texto supracitado:

(8) Se Deus fez o homem a sua imagem e semelhança, quem se parece mais com ele: Brad Pitt ou Tiririca? (idem)

O problema reside no fato de que os fenômenos da referenciação e da alusão excedem em muito o da *intertextualidade*, pois é possível falar de ambas sem estar, necessariamente, diante de ocorrências intertextuais, como no exemplo anterior, já que o ator Brad Pitt não representa o personagem de uma obra, de um texto, para que a ocorrência possa configurar um diálogo entre textos.[2] O mesmo não se

---

2. Como afirma Piègay-Gros (1996), a alusão *é uma maneira engenhosa de relacionar com seu discurso um pensamento muito conhecido [...]. É evidente, com efeito, que a alusão ultrapassa em muito o campo da intertextualidade.*

verifica com Tiririca, entidade criada para a construção de textos humorísticos e que não pode ser atrelada a um texto.

Não se deve admitir que qualquer remissão direta ou indireta a um conhecimento culturalmente compartilhado pelos participantes da comunicação deva ser considerada como intertextual em sentido estrito, pelo perigo de se cair no abismo das fórmulas anônimas ou dos tropeços inconscientes dos significantes, enfim, das formas de "esquecimento" da heterogeneidade constitutiva, de que fala Authier-Revuz (2004). A *intertextualidade* em sentido estrito seria uma espécie particular, e marcada, de dialogismo; as duas noções, portanto, não se equivalem.

Voltando à classificação de Piègay-Gros, inspirada em Genette, pode-se dizer que a *citação* constitui a forma emblemática da intertextualidade, porque, por meio de códigos tipográficos, ela torna visível a inserção de um texto em outro, e recorrer a tais expedientes gráficos é selecionar, para o coenunciador, indícios claros e universalmente aceitos da mostração e da marcação de uma heterogeneidade neste caso materializada pelas relações intertextuais, pela ligação entre textos, unidades simbolicamente fechadas, com começo, meio e fim.

É como se a *citação* se situasse no ponto mais alto de uma escala de explicitude, de marcação. Num grau mais baixo, poderíamos inserir a intertextualidade por *referência*, que não se realiza por marcas tipográficas e que, por isso mesmo, não é autoevidente, como a *citação*: requer do coenunciador um conhecimento prévio do texto a que pertence, como demonstrado anteriormente. Já a *alusão* e o *plágio* se localizariam num grau mais baixo da escalaridade e se aproximariam da implicitude. O que distingue a *referência* da *alusão* é justamente a tentativa de implicitude desta última: "Reputamos a alusão como uma espécie de referenciação indireta, como uma retomada implícita, uma sinalização para o coenunciador de que, pelas orientações deixadas no texto, ele deve apelar à memória para encontrar o referente não dito" (cf. Cavalcante, 2006, p. 5). Na *alusão*, não se convocam literalmente as palavras nem as entidades de um texto, porque se cogita que o coenunciador possa compreender nas entrelinhas o que o enunciador deseja sugerir-lhe sem expressar diretamente.

Assim, numa seção de Cartas do Leitor da revista *Veja*, pode-se, por exemplo, em (9), aludir a uma reportagem em foco, no caso "Chávez não é brinquedo", sem que ela seja explicitamente citada no texto da carta específica, simplesmente partindo do pressuposto de que o leitor já sabe que, pelo planejamento e organização da própria revista, um conjunto de cartas versará sobre a mesma reportagem em pauta:

> (9) O destino poderia nos brindar neste fim de ano e levar Fidel, Chávez e outros para junto de Pinochet. Imagine: o inferno ficaria insuportável.
>
> *Juliano Martins Canato*
> Joinville, SC (Carta do leitor — *Veja*, 20/12/2006)

Por vezes, um coenunciador não domina inteiramente as informações requeridas para se reconhecerem os sinais intertextuais da *referência* e da *alusão*. Essa condição contingencial não descaracteriza, no entanto, o fenômeno. Embora admitamos, com Sant'Anna (1988), que os casos de intertextualidade exijam uma memória cultural e que só um leitor mais informado os percebe, diremos que a compreensão depende, obviamente, do coenunciador, mas não o processo intertextual em si, que não aborta por isso, pois ganha autonomia ao vir ao mundo.

O último tipo de intertextualidade — aparentemente implícita — por copresença é dado por Genette, e repetido por Piègay-Gros, como sendo o *plágio*, "um empréstimo não declarado, mas ainda assim literal" (cf. Genette, 1982, p. 8). O *plágio* é uma situação de apropriação indébita, pois se usa a passagem, que pode ser de extensão variada, do texto de outrem como se fosse da própria autoria. É o roubo intelectual, pela omissão proposital e desonesta da autoria, e pode ter repercussões jurídicas. A diferença entre o *plágio* e a *citação* é que esta dá os devidos créditos ao autor, e aquele omite a autoria, o que, em outras palavras, significa dizer que assume a obra como sendo sua. Os excertos que seguem foram extraídos de uma página na internet; repare-se a extrema coincidência, com alterações mínimas, entre o primeiro, que é original, e o segundo — os exemplos não se encontram na íntegra:

(10) **Texto 1**: Insumos para usuários de drogas: em respeito à diversidade

(Paulo Giacomini)

Em países como a França, por exemplo, usuários de drogas aspiradas recebem o "kit sniff" como insumo de RD para o uso seguro de heroína e cocaína. Além da camisinha, a embalagem deste kit contém cotonetes com vitamina E, gel lubrificante, canudos, uma lâmina de metal, guardanapos, recipiente e cartão. Lá, usuários de crack recebem, além de sachês de protetor labial e preservativos, cachimbos de vidro. "Os cachimbos de vidro podem ser aquecidos nos finais das sessões de uso para a retirada da droga acumulada pelos usuários, evitando serem raspados", ensina a professora. "Não dispersam alumínio, cobre, madeira, plástico ou quaisquer resíduos que possam causar danos à saúde dos usuários que consomem até a borra do crack". (Artigos da Agência de Notícias da Aids: <www.agenciaaids.com.br>).

Texto 2: [sem título]

(Gustavo Girotto)

Em países como a França, por exemplo, usuários de drogas aspiradas recebem o famoso "kit sniff" como insumo para o uso seguro de heroína e cocaína. Além da camisinha, a embalagem deste kit contém cotonetes com vitamina, gel lubrificante, canudos, uma lâmina de metal, guardanapos, recipiente e cartão. Lá, usuários de crack recebem, além de sachês de protetor labial e preservativos, cachimbos de vidro. Se não bastasse tudo isso, uma professora francesa é designada a ensinar os discípulos como usar as parafernálias doadas como medida preventiva. Os cachimbos de vidro podem ser aquecidos nos finais das sessões de uso para a retirada da droga acumulada usada pelos usuários, evitando serem raspados, ensina a professora. "Não dispersam alumínio, cobre, madeira, plástico ou quaisquer resíduos que possam causar danos à saúde dos usuários que consomem até a borra do crack", explica a professora. (*Jornal Tribuna*, de Taquaritinga, ed. 186, 20 dez. 2004)

O curioso é que os propósitos comunicativos do texto-plágio se direcionam para outro caminho. O texto plagiado argumenta em favor de maiores cuidados com os usuários de drogas, para que essa prática, já que não vai ser coibida por nenhum meio, não venha a ser mais prejudicial a eles e a outros cousuários, porque o uso de seringas e outros apetrechos utilizados para o consumo de drogas são um meio de transmissão de doenças, entre elas a Aids. O texto-plágio, por outro lado, defende uma tese contrária à distribuição deste kit e não salienta as consequências do uso descuidado de drogas. É como se, neste exemplo, se lançasse mão do artigo "copiado" para combatê-lo.

As intertextualidades por copresença caracterizadas por Piègay-Gros (fundamentadas na *intertextualidade restrita* de Genette) podem ser sintetizadas no seguinte quadro:

Relações de copresença	
Explícitas	Citação
	Referência
Implícitas	Plágio
	Alusão

Para encerrar este primeiro tipo de *transtextualidade*, dentro da tipologia proposta por Genette, reiteramos que o critério que orienta a diferença entre *intertextualidade explícita* e *implícita* não parece, portanto, suficientemente preciso. Cremos que, ao propor essa distinção, Piègay-Gros incorre no mesmo equívoco que Authier-Revuz comete ao dividir a **heterogeneidade mostrada** em **marcada** e **não marcada**. Ora, se não houvesse algum tipo de marca, o coenunciador não alcançaria o intertexto (e o enunciador tem ciência disso). Por isso, pensamos ser mais apropriado falar em diferentes espécies de marca, em vez de não marcação. De modo análogo, seria mais adequado considerar variados graus de explicitude, evitando, assim, atribuir a marcação de explicitude apenas àquelas classicamente reconhecidas, como as que contêm verbo *dicendi*, dois-pontos e aspas, itálico, recuo de margem, redução da fonte etc. O emprego de expressões referenciais nos parece essencial para a elaboração de *citações*, *referências* e *alusões*, embora a literatura sobre o assunto mal faça menção a isso como possível assinalação de heterogeneidade mostrada marcada (Cavalcante, 2006, p. 6).

A demarcação entre intertextualidade *explícita* e *implícita* nas relações de copresença só se justifica se se pretender enfatizar que as marcas mencionadas acima só são destinadas à indicação de *citações*, e neste caso somente elas constituiriam uma ocorrência de intertextualidade explícita; as outras três seriam, então, tomadas como implícitas, por apresentarem ausência de tais pistas. Por outro lado, se se quiser ampliar o quadro de possibilidades de assinalação do intertexto (considerando-se o pacto que se firma entre enunciador, que tenciona deixar indicações ao coenunciador, o qual precisa encontrá-las), então se deverá ponderar sobre a plausibilidade de haver distintos graus de explicitude, com marcas linguísticas de natureza diversa, dentre elas o uso de processos de referenciação.[3]

6.2 Paratextualidade e arquitextualidade — para além do texto, mas nas bordas da intertextualidade

Genette descreve o segundo tipo de *transtextualidade*, que chama de *paratextualidade*, como o conjunto das relações que "o texto propriamente dito" estabelece com os segmentos de texto que compõem uma obra — no caso a literária, à qual toda a classificação do autor se aplica. O *paratexto* engloba título, subtítulo, prefácio, posfácio, notas marginais, finais ou de rodapé, epígrafes, ilustrações e outros sinais que circundam o texto. Como o autor comenta, o *paratexto* constitui um dos lugares privilegiados da dimensão pragmática da obra, porque revela tentativas de ação sobre o leitor.

---

3. Alertamos, mais uma vez, para que não se confunda o tipo de intertextualidade explícita por *referência* com o processo de referenciação. A referenciação é uma atividade cognitivo-discursiva de coconstrução de referentes ao longo do desenvolvimento discursivo.

Este tipo de *transtextualidade* envolve, no entanto, questões muito delicadas que concernem ao que pode ou não ser considerado como intertexto, já que os títulos, os subtítulos, as notas e as ilustrações compõem, na verdade, o próprio texto e só configurarão uma situação de *intertextualidade* se tiverem sido extraídas de outros textos, para que se estabeleça a interseção. Questionamos, por isso, que a *paratextualidade* possa se enquadrar realmente no que estamos caracterizando como *intertextualidade* (*em sentido estrito*). Talvez somente as epígrafes, os prefácios e os pósfácios (nas obras que os contêm) convirjam para o que se costuma entender como *intertextualidade*, na medida em que podem constituir uma *citação*, como a epígrafe, ou podem rechear-se dos demais casos de *intertextualidade* já examinados.

O que Genette propõe como *arquitextualidade* também se distancia do processo de *intertextualidade* em sentido estrito. A *arquitextualidade* se define por uma espécie de filiação do texto a outras categorias, como o tipo de discurso, o modo de enunciação, o gênero etc., em que o texto se inclui e que, por isso, o tornam único. É, nas palavras do autor, uma "relação muda", a mais abstrata e a mais implícita, que, quando muito, deixa indicações paratextuais nos títulos ou subtítulos da obra, como em certos documentos que se autonomeiam: "Declaração", "Requerimento", "Ofício Circular"; ou em alguns gêneros literários, como: "Poema de Purificação", de Drummond; "Soneto do Amigo", de Vinicius de Moraes etc. Exige, pois, do coenunciador, uma metacompetência para fazer tal reconhecimento, sobretudo quando essa qualidade genérica não vem explícita, o que é situação mais frequente, porque, em geral, um texto não informa o tipo de gênero, ou de discurso, a que pertence.

Assim sendo, o fenômeno não constitui exatamente uma intertextualidade, isto é, uma relação entre textos, mas se configura, isto sim, como um processo de enquadramento de um texto em outras instâncias ou categorias maiores, como o gênero e o discurso. A competência sobre a *arquitextualidade* contribui, no entanto, para que se possa identificar a *intertextualidade intergenérica*, já abordada neste livro, que pode ou não coincidir com um caso de *paródia*, de que trataremos a seguir.

Acontece quando se preserva o arcabouço superestrutural de um gênero e, para surtir um efeito, como, por exemplo, de comicidade ou de orientação de autoajuda, se altera fundamentalmente o seu conteúdo esperável, convencional, como em:

> (11) **Ata para o Mundo**
> Ao trigésimo primeiro dia do mês de dezembro do ano de mil novecentos e noventa e nove, às dezenove, digo, às vinte e uma horas, reuniu-se no pátio dos sentimentos, no mundo da ilusão, na derradeira circunstância de tempo, na esquina de uma condição, o Conselho Supremo da Vida, representado pelo senhor Acaso e a dona Esperança. Estavam reunidos também os sócios: senhor Amor, dona Paixão, dona Felicidade e dona Tristeza, além da senhora Contradição e do Complexo de Inferioridade, acompanhado de sua esposa e colega de trabalho, a dona Depressão. Ainda presentes no recinto, dona Desilusão e a estimável Senhora Fé. [...] No auge dos debates, e sem nenhuma solução em vista, dona Fé, resoluta como sempre, ergueu-se. Os presentes, demonstrando o respeito costumeiro, calaram-se. Com voz firme e forte, ela sugeriu a venda do total de dez mil ações do Amor, que seriam oferecidas ao público interessado. Por ser acionista majoritário ele concordou. Houve ainda algumas discussões, mas a sugestão foi aprovada sem demora, dado o consenso a que se chegou. E após a leitura da pauta para a próxima reunião, o Conselho Supremo da Vida encerrou esta, da qual, para constar, eu, Felicidade, lavrei esta ata que, depois de submetida à discussão e se aprovada, será assimilada por todos. (texto de autoajuda divulgado na internet).

Vemos, então, que os tipos casos de *transtextualidade* definidos por Genette não equivalem todos aos tipos de *intertextualidade* em sentido estrito.

6.3 A metatextualidade

A *metatextualidade*, para Genette, corresponde a uma relação de "comentário" que une um texto-fonte ao outro que dele trata. Como declara o autor, "é, por excelência, a relação *crítica*" (cf. p. 10). Muitas vezes, a crítica, ou a convocação do texto-fonte, aparece sob a forma de uma *alusão*. Em vista dessa definição, é bastante provável que ela se constitua, por sua vez, de processos *intertextuais de copresença*.

Uma relação de *metatextualidade*, por outro lado, necessariamente se aproxima do que está, na presente obra, classificado como *intertextualidade temática*, pois existe, no metatexto, uma interseção de informações e conceitos de uma mesma área ou de uma mesma corrente do conhecimento. Não estamos, com isso, afirmando que a noção de *metatextualidade* e de *intertextualidade temática* possam ser niveladas: apenas chamamos a atenção para o fato de que um tipo pode perfeitamente se servir de outro, já que os parâmetros que os orientam são distintos. Mais que uma coincidência de formas ou de conteúdos, a *metatextualidade* desempenha uma função crítica — na proposta de Genette, a da crítica literária.

Genette constata que, por vezes, são as indicações *paratextuais* que revelam o gênero ou o discurso a que o texto pertence. Note-se que o autor já admitia que os tipos de *transtextualidade* não eram mutuamente excludentes e que alguns se mostravam essenciais para a definição do outro.[4] O prefácio e o posfácio de uma obra, por exemplo, que seriam manifestações de *paratextualidade*, também se construiriam como um *metatexto*, ou seja, como um comentário crítico sobre a obra, que, por sua vez, se entranha de *citações*, de *referências* e de *alusões*.

6.4 A hipertextualidade e as relações de derivação

O último tipo de *transtextualidade*, apresentado por Genette, a *hipertextualidade*, se diferencia dos demais num ponto crucial: ele se

---

4. "Em primeiro lugar, é necessário não considerar os cinco tipos de transtextualidade como classes estanques, sem comunicação nem comparação recíprocas. Suas relações são, ao contrário, numerosas, e frequentemente decisivas." (Genette, 1982, p. 14).

descreve por uma relação de derivação. Um texto é derivado de um outro texto — que lhe é anterior —, por transformação simples, direta, ou, de forma indireta, por imitação. A *paródia*, o *pastiche*, o *travestimento burlesco*, por exemplo, todos se originam de outros textos já existentes, e é dentro dessa relação entre o texto-fonte, a que Genette chamou de "hipotexto" e o texto derivado, que tratou como "hipertexto" (daí a designação de *hipertextualidade*), que se edifica este processo.

Não adotaremos, no entanto, a terminologia de "hipotexto" e "hipertexto", pelo problema que isso geraria com relação ao termo homônimo "hipertexto", hoje amplamente empregado em sentido completamente diverso.[5] A *hipertextualidade* abrigaria, então, todas as situações em que um texto-fonte sofresse transformações (que podem se dar em diferentes níveis) de modo a derivar um outro texto.

Embora argumente que toda obra apresentaria *hipertextualidade*, por evocar, de alguma forma, uma outra, Genette tenta particularizar este tipo de *transtextualidade* vinculando-o à ocorrência de uma derivação. E é justamente neste aspecto que a *hipertextualidade* se opõe às relações de *co-presença*.

As formas de *hipertextualidade*, propostas por Genette, foram redimensionadas por Piègay-Gros (1996), num estudo também aplicado aos gêneros literários. Piègay-Gros restringiu-se aos tipos de *transtextualidade* que realmente poderiam enquadrar-se no conceito de intertextualidade (todavia, deixou de considerar, nessa proposta, a *metatextualidade*). A autora sugere uma primeira grande divisão das

---

5. Refiro-me à definição de hipertexto que vem sendo elaborada nas análises de gênero do discurso. "O hipertexto não é um gênero textual nem um simples suporte de gêneros diversos como o jornal ou o livro, caracterizando-se muito mais como um tipo de escritura. Não tem uma superestrutura determinada, nem é amorfo. É uma forma de organização cognitiva e referencial cujos princípios não produzem uma ordem estrutural fixa, mas constituem um conjunto de possibilidades estruturais que caracterizam ações e decisões cognitivas baseadas em (séries de) referenciações não contínuas e não progressivas. Considerando que a linearidade linguística sempre constituiu um princípio básico da teorização (formal ou funcional) da língua, o hipertexto rompe esse padrão em alguns níveis". (Marcuschi, 1999, p. 21).

intertextualidades em relações de *copresença* e relações de *derivação* (ver quadro abaixo), buscando descrever, de maneira mais precisa, ou menos imprecisa, as três espécies de derivação caracterizadas por Genette: a *paródia*, o *pastiche* e o *travestimento burlesco*.

Copresença	Citação
	Referência
	Plágio
	Alusão
Derivação	Paródia e travestimento burlesco
	Pastiche

De acordo com a autora:

[...] a paródia engloba geralmente o pastiche, mas é rigorosamente diferenciada do travestimento burlesco. Inversamente, a partir do século XIX, a categoria do pastiche se impõe de maneira autônoma e direciona sem ambiguidade para a imitação de um estilo, enquanto que o travestimento burlesco aparece como uma simples variante da paródia. Essas duas formas merecem, entretanto, ser distinguidas rigorosamente, porque os seus procedimentos também se opõem termo a termo: o travestimento burlesco é baseado na reescritura de um estilo a partir de uma obra cujo conteúdo é conservado, enquanto que a paródia consiste na transformação de um texto cujo conteúdo é modificado, mesmo conservando o estilo. (Piègay-Gros, 1996, p. 56-7)

Como se lê acima, nem sempre as fronteiras são facilmente delimitadas. Mas algumas certezas sobrevivem nas manifestações mais prototípicas. Pode-se dizer, com Genette, por exemplo, que a *paródia* repete formas/conteúdos de um texto para lhe emprestar um novo sentido, podendo alterar-lhe, inclusive, o gênero a que pertence (ou seja, podendo modificar sua *arquitextualidade*), o que redunda em outras transformações, como a mudança do propósito comunicativo, do tom e de alguns aspectos estilísticos. A extensão do trecho "repetido" varia sobremaneira: pode atingir alguns enunciados ou trechos mais longos;[6] podem apenas ser substituídos letras, palavras, enunciados inteiros para se transformar radicalmente o sentido; podem, por outro lado, não alterar formalmente o trecho e inseri-lo em outro contexto totalmente distinto, para também remodular os sentidos.

A *paródia* se elabora a partir da retomada de um texto, que é retrabalhado para obter diferentes formas e propósitos em relação ao texto-fonte. As funções discursivas dessa reelaboração podem ser humorísticas, críticas, poéticas etc. O que descrevemos, neste livro, como *intertextualidade estilística* engloba situações de *paródia*, como no exemplo (12) e (13), mas pode também abranger o *pastiche*, como no exemplo (16). Observe-se, a seguir, a paródia que circula na internet da música "Já sei namorar", dos Tribalistas:

(12) **Paródia** — *Já sei Namorar*, **dos Tribalistas**

Já sei bombardear
Os belicistas (W. Bush, Collin Powell)

Já sei bombardear,
Já sei armar o míssil agora só me falta atirar

Já sei invadir
Já sei peitar a ONU agora só me falta explodir

Não tenho paciência pra negociação
Eu tenho é mania de perseguição
Não ouço ninguém, acuso todo mundo o Bin Laden e o Hussein
Não livro ninguém, exploro todo mundo acho que o mundo é meu também

---

6. Segundo Genette, etimologicamente, ode é canto, canção, e paródia poderia ser definida como um contracanto, uma canção transposta. O autor elenca três espécies de paródias reconhecidas pela tradição literária:

1. a aplicação de um texto nobre, modificado ou não, a um diferente assunto, geralmente vulgar;

2. a transposição de um texto nobre para um estilo ordinário;

3. o emprego de um estilo nobre (como a epopeia) para um assunto ordinário ou não heroico.

> Já sei derrubar
> Já sei jogar a bomba na tua base militar
> Eu sou o juiz, e não tô nem aí pra tantas vidas de civis
>
> Peguei experiência com o Afeganistão
> Se antes eu falhei, agora num erro não.
> Não ouço ninguém, até o Collin Powell tá igual a mim também
> Não livro ninguém, primeiro o petróleo depois Amazônia também
>
> Eu tô querendo, Sadan Hussein
> Eu tô querendo, tudo o que tiver
> Tô te querendo, não tem pra ninguém
> Tô te querendo, petróleo do Hussein...

Como comenta Pièngay-Gros, quanto mais próxima estiver a *paródia* do texto-fonte, mais valor e mais reconhecimento ela terá, porém o trecho retomado do original não pode ser excessivamente longo. Assim, a *paródia* se constrói por uma tensão entre a semelhança com o texto-fonte e a diferença que os separa. Atente-se para as transformações sofridas pelo texto original 1 (13), a fábula *A cigarra e as formigas*, de Esopo, quando foi parodiado por Lobato (Texto 2):

> (13) **Texto 1: A cigarra e as formigas**
> No inverno, as formigas estavam fazendo secar o grão molhado, quando uma cigarra, faminta, lhes pediu algo para comer. As formigas lhe disseram: "Por que, no verão, não reservaste também o teu alimento?". A cigarra respondeu: "Não tinha tempo, pois cantava melodiosamente". E as formigas, rindo, disseram: "Pois bem, se cantavas no verão, dança agora no inverno".
>
> (ESOPO. In: *Esopo*: fábulas completas. Tradução direta do grego por Neide Cupertino de Castro Smolka. São Paulo: Moderna, 1994. p. 181. [Coleção Travessias].)
>
> **Texto 2: A formiga boa**
> Houve uma jovem cigarra que tinha o costume de chiar ao pé dum formigueiro. Só parava quando cansadinha; e seu divertimento então era observar as formigas na eterna faina de abastecer as tulhas.

> Mas o bom tempo afinal passou e vieram as chuvas. Os animais todos, arrepiados, passavam o dia cochilando nas tocas.
> A pobre cigarra, sem abrigo em seu galhinho e metida em grandes apuros, deliberou socorrer-se de alguém.
> Manquitolando, com uma asa a arrastar, lá se dirigiu para o formigueiro. Bateu — tique, tique, tique...
> Aparece uma formiga friorenta, embrulhada num xalinho de paina.
> — Que quer? — perguntou, examinando a triste mendiga suja de lama e a tossir.
> — Venho em busca de agasalho. O mau tempo não cessa e eu...
> A formiga olhou-a de alto a baixo.
> — E que fez durante o bom tempo, que não construiu sua casa?
> A pobre cigarra, toda tremendo, respondeu depois dum acesso de tosse:
> — Eu cantava, bem sabe...
> — Ah!... exclamou a formiga recordando-se. — Era você então quem cantava nessa árvore enquanto nós labutávamos para encher as tulhas?
> — Isso mesmo, era eu...
> — Pois entre, amiguinha! Nunca poderemos esquecer as boas horas que sua cantoria nos proporcionou. Aquele chiado nos distraía e aliviava o trabalho. Dizíamos sempre: que felicidade ter como vizinha tão gentil cantora! Entre, amiga, que aqui terá cama e mesa durante todo o mau tempo.
> A cigarra entrou, sarou da tosse e voltou a ser a alegre cantora dos dias de sol.
>
> (MONTEIRO LOBATO, José Bento Monteiro. In: _____. *Fábulas*. São Paulo: Brasiliense, 1994. p. 7-8.)

Veja-se como o conteúdo é magistralmente reinventado, mesmo permanecendo as características estilísticas do gênero fábula; Lobato alterou basicamente o sentido e a essência: a moral. Muitas vezes, com finalidades humorísticas, a preservação das formas/conteúdos para a construção da *paródia* chega ao exagero para produzir o caricaturesco.

Outra ocorrência de *paródia* é a letra da música *Internet*, de Gilberto Gil, que em seu final parodia uma conhecida música popular brasileira, *Pelo telefone*, de autoria questionada, que diz: "O chefe da polícia pelo telefone manda me avisar que na Carioca tem uma roleta para se jogar". Eis o texto de Gil:

> (14) Eu quero entrar na rede pra contactar
> Os lares do Nepal, os bares do Gabão,
> Que o chefe da polícia carioca avisa pelo celular
> Que lá na praça Onze tem um videopôquer para se jogar.

Um caso de *intertextualidade* muito próximo da *paródia*, mas que não chega a representar a transformação de um texto inteiro em outro, é o que descrevemos, neste livro, como *détournement*, que talvez esteja, dentro da classificação de Piègay-Gros, a meio caminho entre a *co-presença* e a *derivação*. Não se trata exatamente de uma *citação* dentro de outro texto, mas é gerada a partir da *alusão* a trechos, segmentos de um texto-fonte, mas transforma parcialmente o trecho, buscando alcançar o mesmo *valor de subversão* de uma *paródia*, como no anúncio seguinte:

> (15) **A vida gira em torno do sol.**
> Passe Sundown e aproveite.
> Protege na hora, por mais
> horas, até debaixo d'água.

Diferentemente da *paródia*, o *travestimento burlesco* consiste na reescritura do estilo de um texto cujo conteúdo é conservado. A finalidade é claramente satírica: é como travestir de mendigo um personagem conhecido culturalmente como um rei, pondo em sua boca palavras de um outro registro, e modificando-lhe as atitudes e reações. Passa-se de um estilo (leia-se melhor: de um registro) nobre a um vulgar, burlesco, promovendo a decadência de um mito.

Exemplos abundantes de *travestimento burlesco* podem ser encontrados em textos de programas humorísticos, sempre que se apresenta um personagem nacional ou internacionalmente conhecido, como o Papa, por exemplo, e se delega a ele não apenas um registro ordinário, que não é o seu, mas também um discurso outro. Pode-se perceber o quanto essas formas de *intertextualidade por derivação*, ou *hipertextuali-*

dades, representam um fabuloso campo de investigação para analistas que desejem caracterizar os efeitos polifônicos na interdiscursividade.

Por sua vez, diferentemente da *paródia*, que intenta deformar um determinado conteúdo, o *pastiche* se constrói pela imitação de um estilo, isto é, não pela repetição das características formais de um gênero, como ocorre com os textos parodiados, mas pelo arremedo do estilo de um autor, dos traços de sua autoria. Como diz Pièqay-Gros, a função do *pastiche* pode ser a de exorcizar o estilo de um autor, com propósitos críticos e/ou humorísticos, mas pode também atender a objetivos outros. Em textos literários, o pastiche às vezes é utilizado também para render homenagem ao autor do texto-fonte.

Mas o senso comum costuma mesmo é aceitar o pastiche como uma estratégia intertextual de satirização, geralmente do estilo não só do autor, como também de um movimento de época, como bem fez Bandeira no poema abaixo, numa alusão aos parnasianos:

(16) **À maneira de Alberto de Oliveira**

Esse que em moço ao Velho Continente
Entrou de rosto erguido e descoberto,
E ascendeu em balão e, mão tenente,
Foi quem primeiro o sol viu mais de perto;

Águia da Torre Eiffel, da Itu contente
Rebento mais ilustre e mais diserto,
É o florão que nos falta (e não no tente
Glória maior), Santos Dumont Alberto!

Ah, que antes de morrer, como soldado
Que mal-ferido da refrega a poeira
Beija do chão natal, me fora dado

Vê-lo (tal Febo esplende e é luz e é dia)
Na que chamais de Letras Brasileira,
Ou melhor nome tenha, Academia.

(BANDEIRA, Manuel. *Poesia completa e prosa*. Rio de Janeiro: José Aguilar, 1977. p. 434.)

Sant'Anna (1988), por sua vez, acrescenta a essas *intertextualidades por derivação* dois novos conceitos: o de *paráfrase* e o de *apropriação*. Para o autor, a *paráfrase* é a reiteração de uma ideia e opera como uma intenção esclarecedora do texto-fonte, daí por que muitas vezes se manifesta de forma mais extensa que ele.

Sant'Anna destaca o caráter didático das paráfrases. Com efeito, em gêneros do discurso didático, as paráfrases são como que constitutivas. Mas diremos que também são imprescindíveis nos gêneros do discurso acadêmico, para proporcionar o saudável balanceamento da *informatividade*, como no excerto seguinte, em que, por meio do elo coesivo "isto é", faz-se um parafraseamento do que foi explicado anteriormente, com o fito de tornar a definição do autor citado ainda mais clara para o leitor:

> (17) Assim, uma das mais importantes teses defendidas por Cohen é a de que a linguagem poética constitui uma infração ao paralelismo fono-semântico da prosa, ou "discurso normal", isto é, <u>à relação natural que se dá entre o nível fônico e o nível semântico</u>. Os fenômenos métricos, por exemplo, característicos da poesia, constituiriam uma realidade fônica que não estaria associada a uma correspondência de sentido. (Projeto de tese — Vicência Jaguaribe)

Perceba-se a estreita aproximação da *paráfrase* com a *citação*. No exemplo precedente, dá-se como que uma "citação" do texto de Cohen reescrito com outras palavras pela autora do excerto anterior, ou seja, ocorre uma *paráfrase*. O autor propõe que se fale não de *paródia* e de *paráfrase*, mas de "eixo parafrásico" e "eixo parodístico". O eixo parafrásico se colocaria ao lado do idêntico, não traria novidades à língua, pertenceria ao já estabelecido. Em geral, nada questionaria e se conformaria, de acordo com o autor, à ideologia dominante, dando continuidade a essa. Ainda acrescenta Sant'Anna que a *paráfrase* apresentaria um efeito de *condensação*, que proporcionaria um reforço, ao passo que a *paródia* teria um efeito de *deslocamento*.

Nem sempre, porém, uma coisa está necessariamente vinculada à outra: é possível recorrer-se a uma *paráfrase* não para ver nela um *valor de captação*, mas para, logo em seguida, usá-la para contraditar algo e empregá-la com *valor de subversão*.

Para Sant'Anna, a *paródia* se situaria do lado do novo, por criar um paradigma que proporcionaria a evolução, a transformação sintagmática. Portanto, assim como há relação entre paradigma e sintagma dentro de uma frase, há relação entre o eixo parafrásico e o parodístico que, nas palavras do autor, se tocam num efeito de *intertextualidade*.[7]

6.5 Um comentário final

Das tipologias aqui discutidas, pode-se notar que as *intertextualidades por derivação* têm sido muito mais desenvolvidas nas pesquisas em direção à funcionalidade que podem ter em textos diversos, principalmente nos que se enquadram nos gêneros do discurso literário. Muito há, porém, a ser analisado em relação ao diálogo entre textos de outros gêneros e de outros discursos, não com o objetivo de examinar tipos de formas/conteúdos que se incluem em outros textos, mas com o propósito de compreender os efeitos de sentido que as intertextualidades geram.

---

7. O autor acrescenta um terceiro conceito, o de *estilização*, que nos parece bastante impreciso. Para Sant'Anna, as relações intra e extratextuais podem ser avaliadas em termos de desvios maiores ou menores em relação a um original; a partir desse texto-fonte, o desvio seria gradativo. Assim, a paráfrase seria um desvio mínimo, a estilização, um desvio tolerável e a paródia, um desvio total. O que caracteriza o nível de "tolerabilidade" é que não parece claro. O desvio tolerável, da estilização, segundo ele, deve ser fiel ao original o suficiente para não permitir subversão do sentido, e ser um desvio grande o suficiente para não permitir confusão com a paráfrase; seria, então, um desvio desejável para que a autoria do autor pudesse ser autenticada. Quando esse desvio chega a subverter o sentido original, estamos diante de um caso de paródia.

CONCLUSÃO

Este livro procurou apresentar o que chamamos de "diálogos possíveis" sobre o tema da intertextualidade. Procurando enfatizar os diferentes olhares sobre o fenômeno, estabelecemos uma diferença entre intertextualidade *stricto sensu* e *lato sensu*.

Em um primeiro momento, a intertextualidade em sentido restrito foi repensada, em termos de uma nova categorização, em intertextualidade *temática, estilística, explícita* e *implícita*. A categoria da intertextualidade *implícita* ganhou um maior adensamento a partir da compreensão de que o *détournement* englobaria a maioria dos casos desse tipo de intertextualidade. Também foram postulados dois outros tipos de intertextualidade, a *intertextualidade intergenérica* e a *intertextualidade tipológica*, que, a nosso ver, podem ser trabalhadas nos limites entre a intertextualidade em sentido amplo e em sentido restrito. Por fim, procuramos discutir brevemente as relações entre intertextualidade e polifonia.

Em um segundo momento, a intertextualidade em sentido amplo foi assumida não apenas como um importante princípio teórico norteador, mas como uma categoria passível de ser mobilizada principalmente nas análises dos processos de produção e recepção dos textos/discursos. Neste sentido, procuramos mostrar que, no nível dos processos de produção, o produtor do texto nem sempre tem toda a consciência sobre o tipo de diálogo entre textos que ele põe em funcionamento. Assim, apesar de, no nível da recepção (de um caso específico de recepção, a saber, a análise), reconhecermos os movimentos feitos pelo produtor do texto em termos de aproximação ou distanciamento dos textos que são anteriores a sua enunciação, o que acontece no nível da produção é o que Bakhtin afirma sobre o processo de constituição dos textos: uma relação radical do seu interior com o seu exterior, o que significa que não podemos construir um texto sem nos ligarmos a outros textos previamente enunciados, seja por meio da manipulação de determinados intertextos, seja por meio da manipulação de modelos abstratos ou gerais de produção e recepção dos discursos.

Em um terceiro momento, procuramos focalizar a compreensão dos diferentes efeitos de sentido que as intertextualidades geram, a partir de uma análise que articula pontos de vista teóricos advindos principalmente do campo dos estudos literários. Privilegiou-se, então, a análise da intertextualidade em sentido restrito, considerada também nos termos de uma *intertextualidade de copresença*, organizada de forma a serem consideradas as diferenças entre a intertextualidade explícita (citação e referência) e a implícita (alusão e plágio), e entre intertextualidade das semelhanças (valor de captação) e das diferenças (valor de subversão). Além disso, procurou-se diferenciar a noção de intertextualidade, das noções de arquitextualidade, paratextualidade, metatextualidade e hipertextualidade.

Há que se chamar a atenção ainda para o caráter "militante" da intertextualidade: seja por meio da manipulação de determinados intertextos, seja por meio da manipulação de modelos gerais de produção e recepção dos discursos, a construção de relações entre textos pode provocar uma adesão ao discurso proferido em função, por exemplo, do tipo de formatação produzida: o uso de estruturas narrativas clássicas, como a dos contos de fadas, para se falar de assuntos contemporâneos, é um dos exemplos que podemos apresentar sobre o tipo de construção de autoridade textual proporcionada pela manipulação de um determinado tipo de intertextualidade.

Acreditamos que os diversos exemplos oferecidos podem ser posteriormente mais profundamente analisados nos termos da constante e profunda circulação das formas e modelos textuais entre diferentes domínios discursivos (por exemplo, do domínio literário para o midiático, do cotidiano para o literário, do cotidiano para o midiático, do midiático para literário e vice-versa) e no interior de um mesmo domínio (por exemplo, as relações intertextuais construídas dentro do domínio lítero-musical ou ainda dentro do domínio literário).

Por fim, também acreditamos que o tema da intertextualidade, abordado nos termos de um diálogo, como o que foi proposto neste livro, é extremamente frutífero porque radicalmente intertextual: ao mesmo tempo que explicita as diferenças, revela as semelhanças de pontos de vista, de trajetórias e, no dizer de Bakhtin, de personalidades.

REFERÊNCIAS BIBLIOGRÁFICAS

ADAM, J.-M. *Les textes*: types et prototypes. Paris: Nathan, 1992.

ALVES, R. A aldeia que nunca mais foi a mesma. *Folha de S.Paulo*, 19 maio 1984, Ciência e Sociedade.

AUTHIER, J. Paroles tenues à distance. In: *Materialités Discursives*. Lille: Presses Universitaires de Lille, 1981.

_____. Héterogeneité montrée et héterogeneité discursive: elements pour une approche de l'autre dans le discours. *DRLAV*, Paris, n. 26, p. 91-151, 1982.

AUTHIER-REVUZ, J. *Entre a transparência e a opacidade*: um estudo enunciativo do sentido. [Apresentação de Marlene Teixeira; revisão técnica da tradução Leci Borges Barbisan e Valdir do Nascimento Flores]. Porto Alegre: Edipuc-RS, 2004.

BAKHTIN, M. [1929]. *La poétique de Dostoievski*. Trad. franc. de Clara Cabbré Rocha. Paris: Seuil, 1970.

_____. *Estética de la creación verbal*. Buenos Aires: Siglo Veintiuno Argentina Editores, 1985.

_____. *Marxismo e filosofia da linguagem*: problemas fundamentais do método sociológico na ciência da linguagem. São Paulo: Hucitec, 1986.

_____ [1953]. *Estética da criação verbal*. São Paulo: Martins Fontes, 1992.

_____. *Estética da criação verbal*. São Paulo: Martins Fontes, 1992. (Edição original, 1979.)

_____. *Estética da criação verbal*. São Paulo: Martins Fontes, 2003.

BANDEIRA, M. *Poesia completa e prosa*. Rio de Janeiro: José Aguilar, 1977.

BHATIA, V. Genre analysis today. *Revue Belgique de Philologie et d'Histoire*. Bruxelas, v. 75, p. 629-52, 1997.

BAUMAN, R. *A world of others' words*: cross-cultural perspectives on intertextuality. Blackwell Publishing, 2004.

BAUMAN, R.; BRIGGS, C. Genre, intertextualitity and social power. In: BLOUNT, B. G. (Ed.). *Language, culture and society*. Prospect Heights, Illinois: Waveland Press, 1995.

BEAUGRANDE, R. de; DRESSLER, W. U. *Einfhrung in die Textlinguistik*. Tübingen: Niemeyer, 1981.

BENTES DA SILVA, A. C. *A arte de narrar*: da constituição das estórias e dos saberes dos narradores da Amazônia paraense. Tese (Doutorado) — Instituto de Estudos da Linguagem, Universidade Estadual de Campinas, Campinas, 2000.

_____. Relatório Final de Pós-Doutorado do projeto "Linguagem como prática social: a elaboração de estilos de fala por parte de jovens *rap*pers paulistas". Fapesp, Processo n. 2005/03186-1, 2006.

BENTES, A. C. e RIO, V. C. "Razão e rima": reflexões em torno da organização tópica de um *rap* paulista. *Cadernos de Estudos Linguísticos*, v. 48, p. 115-124, 2006.

BENVENISTE, E. *Problemas de linguística geral I*. Campinas: Pontes/Ed. da Unicamp, 1988. (Edição original: 1966.)

BERRENDONNER, A. *Élements de pragmatique linguistique*. Paris: Minuit, 1981.

BRAIT, E. (Org.). *Bakhtin, dialogismo e construção de sentido*. Campinas: Ed. da Unicamp, 1997.

BUARQUE, C. Bom conselho. *CD Caetano e Chico — Juntos e Ao vivo*. 1972.

_____. Subúrbio. CD *Carioca*, 2006.

CÂMARA CASCUDO, L. da. *Contos tradicionais do Brasil*. 11. ed. Rio de Janeiro: Ediouro, 1998.

CAVALCANTE, M. M. Referenciação e intertextualidade. In: JORNADA NACIONAL DE ESTUDOS LINGUÍSTICOS DO GELNE, 21., João Pessoa, 2006.

CHARAUDEAU, P.; MAINGUENEAU, D. *Dicionário de análise do discurso*. São Paulo: Contexto, 2004.

CHAROLLES, M. Coherence as a principle of interpretability of discourse. *Text*, v. 3, n. 1, p. 77-98.

CHRISTOFE, L. *Intertextualidade e plágio*: questões de linguagem e autoria. Tese (Doutorado) — Instituto de Estudos da Linguagem, Universidade Estadual de Campinas, Campinas, 1996.

COSTA, E. A. da. *No caminho com Maiakóvski*. Rio de Janeiro: Nova Fronteira, 1985. (Poesia brasileira — Poema integrante da Série Salamargo.)

COSTA VAL, M. da G. *Redação e textualidade*. 2. ed. São Paulo: Martins Fontes, 1999.

COUPLAND, N. Language, situation and the relational self: theorizing dialect-style in sociolinguistics. In: ECKERT, P.; RICKFORD, J. (Eds.). *Style and sociolinguistic variation*. Cambridge: Cambridge University Press, 2001.

DASCAL, M.; WRIZMANN, E. Contextual exploitation of interpretation clues in text understanding: an integrated model. In: VERSCHUEREN, J.; BERTUCELLI-PAPPI, M. (Eds.). *The pragmatic perspective*: selected papers from the 1985 International Pragmatic Conference. Amsterdam: J. Benjamins, 1987. p. 31-46.

DUCROT, O. *Les mots du discours*. Paris: Minuit, 1984.

_____. *Le dire et le dit*. Paris: Minuit, 1984.

ESOPO. In: _____. *Fábulas completas*. Tradução direta do grego por Neide Cupertino de Castro Smolka. São Paulo: Moderna, 1994. p. 181. (Coleção Travessias.)

FARES, J. A. *Imagens da mitopoética amazônica: um memorial das matintas pereras*. Dissertação (Mestrado) — Universidade Federal do Pará, 1997.

FÁVERO, L. L.; KOCH, I. G. V. Contribuição a uma tipologia textual. *Letras & Letras*, Uberlândia, Edufu, v. 3, n. 1, p. 3-10, 1987.

FERNANDES, M. *Fábulas fabulosas*. São Paulo: Círculo do Livro, 1976.

FIORIN, J. L.; BARROS, D. L. P. (Orgs.). *Dialogismo, polifonia e intertextualidade*. São Paulo: Edusp, 1994.

FRASSON, R. D. *A intertextualidade como recurso de argumentação*. Dissertação (Mestrado) — UFSM, Santa Maria, 1991.

GARROD, S. C. Incremental pragmatic interpretation versus occasional inferencing during fluent reading. In: RICKHEIT; STROHNER (Eds.). *Inferences in text processing*. Amsterdam: North Holland, 1985.

GENETTE, G. *Palimpsestes*: la littérature au second degree. Paris: Seuil, 1982.

GERALDI, J. W. *Portos de passagem*. São Paulo: Martins Fontes, 1991.

GOFFMAN, E. *Frame analysis*: an essay on the organization of experience. New York: Harper and Row, 1974.

GOLDMAN (ed.). *The construction of mental models during reading*. Hillsdale: N. J. Erlbaum, 1998.

GREIMAS, A. J. *Sémantique structurale*. Paris: Larousse, 1966.

GRÉSILLON, A.; MAINGUENEAU, D. Poliphonie, proverbe et détournement. *Langages*, n. 73, p. 112-25, 1984.

GUMPERZ, J. *Discourse strategies*. Cambridge: Cambridge University Press, 1982.

GUMPERZ, J.; LEVINSON, S. (Eds.). *Rethinking linguistic relativity*. Cambridge: Cambridge University Press, 1996.

HALLIDAY, M. A. K. e HASAN, R. *Cohesion in spoken and written English*. Londres: Longman, 1976.

HANKS, W. Discourse Genres in a Theory of Practice. *American Ethnologist*, v. 14, n. 4 (nov. 1987), p. 668-692, 1987.

HARTMANN, P. Textlinguistik als neue Disziplin. *Replik*, ano 1, fasc. 2, n. 3-4, p. 205-222, 1968.

HYMES, Dell. Models of interaction of language and social life. In: GUMPERZ, J. J. and HYMES, D. (Eds.). *Directions in sociolinguistics*: the ethnography of communication. Washington, DC: American Antropological Association, 1972. p. 1-34.

_____. Ways of speaking. In: BAUMAN, Richard; SHERZER, Joel (Eds.). *Explorations in the ethnography of speaking*. Cambridge: Cambridge University Press, 1974. p. 433-451.

JENNY, L. A estratégia da forma. Trad. port. de Clara Cabbré Rocha. In: *Intertextualidades*. Coimbra, Almedina, 1979.

JORNAL TRIBUNA. Taquaritinga, ed. 186, 20 dez. 2004.

KOCH, I. G. V. A intertextualidade como critério de textualidade. In: FÁVERO, L. L.; PASCHOAL, M. S. Z. (Orgs.). *Linguística textual*: texto e leitura. São Paulo: Educ, 1985. p. 39-46. (Série Cadernos PUC, n. 22.)

_____. *A coesão textual*. São Paulo: Contexto, 1989.

_____. Intertextualidade e polifonia: um só fenômeno? *Delta*, São Paulo, Educ, v. 2, n. 7, 1991, p. 529-541.

_____. O funcionamento polifônico da argumentação. *Investigações*, Recife, Universidade Federal de Pernambuco, v. 4, p. 31-36, 1994.

_____. *O texto e a construção dos sentidos*. São Paulo: Contexto, 1997.

_____. O texto e a (inevitável) presença do outro. *Letras*, UFSM-RS, n. 14, p. 107-24, 1997.

_____. Referenciação: construção discursiva. Ensaio apresentado por ocasião do Concurso para Professor Titular em Análise do Discurso no IEL/Unicamp, dez. 1999.

_____. *Desvendando os segredos do texto*. 2. ed. São Paulo: Cortez, 2002.

_____. *Introdução à linguística textual*. São Paulo: Martins Fontes, 2004.

KOCH, I. G. V.; ELIAS, V. M. S. *Ler e compreender*: os sentidos do texto. São Paulo: Contexto, 2006.

KRISTEVA, J. *Introdução à semanálise*. São Paulo: Perspectiva, 1974.

_____. *La révolution du langage poétique*. Paris: Seuil, 1974.

MACHADO DE ASSIS. Dom Casmurro. In: _____. *Obra completa*. Rio de Janeiro: Aguilar, 1971. v. 1, p. 807-944.

MAINGUENEAU, D. *Initiation aux méthods d'analyse du discours*. Paris: Hachette, 1976.

_____. *Termos-chave da Análise do Discurso*. Trad. de Márcio Venício Barbosa e Maria Emília Amarante Torres Lima. Belo Horizonte: Ed. UFMG, 1998.

MAINGUENEAU, D. *Análise de textos de comunicação*. Trad. de Cecília P. de Souza-e-Silva e Décio Rocha. São Paulo: Cortez, 2001.

_____. *Gênese dos discursos*. Curitiba: Criar Edições, 2005.

MARCUSCHI, L. A. *Linguística de Texto*: o que é e como se faz. Recife: Universidade Federal de Pernambuco, 1983. (Série Debates I.)

_____. Linearização, cognição e referência: o desafio do hipertexto. In: COLÓQUIO DA ASSOCIAÇÃO LATINO-AMERICANA DE ANALISTAS DO DISCURSO, 4., Santiago: Chile, 1999.

_____. *Da fala para a escrita*. São Paulo: Cortez, 2000.

_____. Gêneros textuais: definição e funcionalidade. In: DIONÍSIO, A. P.; MACHADO, A. R.; BEZERRA, M. A. *Gêneros textuais & ensino*. Rio de Janeiro: Lucerna, 2002.

MONDADA, L. Gestion du topic et organisation de la conversation. *Cadernos de Estudos Linguísticos*, Campinas, n. 41, p. 7-36, jul./dez. 2001.

MONTEIRO LOBATO, J. B. In: _____. *Fábulas*. São Paulo: Brasiliense, 1994.

ORLANDI, E. *Análise de discurso: princípios e procedimentos*. Campinas: Pontes, 1999.

PAES, José Paulo. Canção do exílio facilitada. In: DE NICOLA, José; INFANTE, Ulisses. *Análise e interpretação de poesia*. São Paulo: Scipione, 1995. (Col. Margens do Texto.)

PÊCHEUX, M. *Analyse automatique du discours*. Paris: Dunod, 1969.

PEREIRA, A. M. *Fábulas do esôfago*: a linda história de Pollyana Sarney. Disponível em: <http://www.consciencia.net/humor/agamenon.html>.

PIÈGAY-GROS, N. *Introduction à l'intertextualité*. Paris: Dunod, 1996.

RACIONAIS MC's. *Salve*. CD Sobrevivendo no inferno. Cosa Nostra, 1997.

_____. *Periferia é periferia (em qualquer lugar)*. CD Sobrevivendo no inferno. Cosa Nostra, 1997.

_____. *Trutas e quebradas*. CD Nada como um dia após o outro dia. Unimar Music, 2002.

RAPPIN HOOD. *À minha favela*. CD Sujeito Homem 2. Trama, 2005.

RICOEUR, P. *Tempo e Narrativa*. Campinas, Papirus, 1995. t. II. (Edição original: 1984.)

ROSSI, C. Petição ao presidente. *Folha de S.Paulo*, 20 set. 1999, caderno Opinião.

SANT'ANNA, A. R. *Paródia, paráfrase e cia*. São Paulo: Ática, 1985.

SCHMIDT, S. J. *Linguística e Teoria de Texto*. Trad. de Ernst F. Schurmann. São Paulo: Pioneira, 1978.

SILVA, B. da. Caderno do Movimento de Alfabetização de Jovens e Adultos Professor Paulo Freire: ecoando histórias entre rios, trilhas e igarapés. Belém: Semec, 2004.

SIMÕES, M. P. S. G. e GOLDER, C. (Orgs.). *Abaetetuba conta*. Belém: Cejup, Universidade Federal do Pará, 1995. (Série Pará Conta 3.)

_____. *Belém conta*. Belém: Cejup, Universidade Federal do Pará, 1995. (Série Pará Conta 2.)

_____. *Santarém conta*. Belém: Cejup, Universidade Federal do Pará, 1995. (Série Pará Conta 1.)

SOUZA, J. de. Carta de um estômago. *Folha de S.Paulo*, 20 set. 1999, caderno Opinião. Disponível em: <www.uol.com.br/fsp/opinião/fz2009199904.htm>.

SWALES, J. *Genre Analysis*. Cambridge: Cambridge University Press, 1990.

TOOLAN, M. *Narrative*: a critical linguistic introduction. London: New York: Routledge, 1988.

TRASK, R. L. *Dicionário de linguagem e linguística*. Trad. de Rodolfo Ilari. São Paulo: Contexto, 2004.

TRAVAGLIA, N. G. *Tradução retextualização*: a tradução numa perspectiva textual. Universidade Federal de Uberlândia: Edufu, 2003.

TREVISAN, D. *Pão e sangue*. Rio de Janeiro: Record, 1988.

VAN DIJK, T. A. *La ciencia del texto*. Trad. esp. Madrid: Paidós, 1983.

_____. *Textwettenschap. Een interdisciplinaire inlading*. Utrecht: Antuerpen, 1978.

_____. *Studies in the pragmatics of discourse*. Berlim: Mouton, 1981.

_____. *Texto y contexto (semántica e pragmática del discurso)*. Londres: Cátedra, 1984.

_____. Modelos na memória: o papel das representações da situação no processamento do discurso. In: *Cognição, Discurso e Interação*. São Paulo: Contexto, 1992.

_____. *Models in memory*. Universidade de Amsterdam, 1989.

_____. *La ciencia del texto*. 3. ed. Barcelona: Paidós, 1992.

_____. *Cognitive context models in discourse processing*, 1995. (Mimeo.)

_____. Cognitive context models and discourse. In: OOSTEDORP, H. van; S.

VAN DIJK, T. A.; KINTSCH, W. *Strategies of discourse comprehension*. New York: Academic Press, 1983.

VERISSIMO, L. F. Rio acima. *Veja*, 29 mar. 1989.

VERÓN, E. *A produção do sentido*. Trad. bras. de Alceu Dias Lima et al. São Paulo: Cultrix, 1980.

VILELA, M. e KOCH, I. V. *Gramática da língua portuguesa*. Coimbra: Almedina, 2001.

WEINRICH, H. *Tempus: besprochene und erzälte Welt*. Stuttgart: Klett, 1964.

WERLICH, E. *A text grammar of English*. Heidelberg: Quelle und Meyer, 1976.

ANEXOS

Mínimas

(Luis Fernando Verissimo)

Em terra de cego, quem tem um olho emigra.
Em terra de cego, o trânsito deve ser uma loucura.
Devagar se vai ao longe, mas leva muito tempo.
Deus ajuda quem cedo madruga na fila do Inamps.
A pressa é inimiga da refeição.
Os últimos serão os primeiros, mas só em caso de retirada.
Quem semeia ventos não tem subsídio do governo.
Quem espera é sempre alcançado.
Quem diz o que quer, ouve voz de prisão.
Quem tem boca, e os 22 mil para o depósito, vai a Roma.
Quem tem boca vai a Roma, exilado.
A mentira tem pernas curtas, mas, ultimamente, as costa quentes.
Miséria pouca é miragem.
Para bom entendedor, meia palavra bas.
Pense duas vezes antes de agitar.
Alegria em case de pobre deve ser o rádio.
Quando um não quer, dois obrigam.
É mais fácil um camelo passar pelo olho de uma agulha do que um rico entrar no reino do céu sem subornar o porteiro.
O sol nasce para toldos.

Quem vê carro não vê coração.
Penso, logo hesito.
Todo otimista é mal-informado.
A justiça tarda e com a nova lei da magistratura vai tardar ainda mais.
Hoje em dia, é mais fácil pegar uma coxa do que um mentiroso.
Um é pouco, dois é bom, três já é sexo grupal.
Deus é brasileiro mas não mora aqui.

Provérbios do Planalto

(Jô Soares)

A comissão faz o ladrão.
Mais vale um Passarinho na mão do que dois tucanos.
Pior o Emendão que o soneto.
A cargo dado não se olha o dente.
Quem vê cara não vê coalisão.
Devagar se vai ao lago.
Deus ajuda lobista que madruga.
Quem tem boca vai e arruma.
De grão em grão o café enche o bolso.
Quem tem PC não morre pagão.
Os cães ladram e a Malta passa.
Quem canta seus Mellos espanta.
Quando a esmola é muita o lobby desconfia.
Quem rouba 1 tostão é ladrão, quem rouba 1 milhão está defasado.
Depois da impunidade vem a bonança.
Quem semeia ventos faz a maior importação de grãos da história.
Licitação e água benta, cada um usa a que quer.
Aqui se faz aqui se pega.
Há malas que vêm para o bem.
A corrupção tem razões que a própria razão desconhece.

Quem emenda sempre alcança.

Uma aliança só não faz verão.

Em briga de marido e mulher ninguém deve meter a colher.

Quando não Malta, esfola.

(*Veja*, 2/10/1991)

A aldeia que nunca mais foi a mesma

Rubem Alves

Era uma aldeia de pescadores de onde a alegria fugira, e os dias e as noites se sucediam numa monotonia sem fim, das mesmas coisas que aconteciam, das mesmas coisas que se diziam, dos mesmos gestos que se faziam, e os olhares eram tristes, baços peixes que já nada procuravam, por saberem inútil procurar qualquer coisa, os rostos vazios de sorrisos e de surpresas, a morte prematura morando no enfado, só as intermináveis rotinas do dia a dia, prisão daqueles que se haviam condenado a si mesmos, sem esperanças, nenhuma outra praia pra onde navegar...

Até que o mar, quebrando um mundo, anunciou de longe que trazia nas suas ondas coisa nova, desconhecida, forma disforme que flutuava, e todos vieram à praia, na espera... E ali ficaram, até que o mar, sem se apressar, trouxe a coisa e a depositou na areia, surpresa triste, um homem morto...

E o que é que se pode fazer com um morto, se não enterrá-lo? Tomaram-no então para os preparativos de funeral, que naquela aldeia ficavam a cargo das mulheres: às vezes é mais grato preparar os mortos para a sepultura que acompanhar os vivos na morte que perderam ao viver. Foi levado pra uma casa, os homens de fora, olhando...

No corpo morto as algas, os liquens, as coisas verdes do mar, testemunhos e distâncias, mistérios escondidos para sempre no silêncio de sua boca sem palavras...

As mãos começaram o trabalho, e nada se dizia, só os rostos tristes... Até que uma delas, um leve tremor no canto dos lábios, balbuciou:

— "É, se tivesse vivido entre nós, teria de se ter curvado sempre para entrar em nossas casas. É muito alto..."

E todas assentiram com o silêncio.

— "Fico a pensar em como teria sido a sua voz", disse uma outra. Teria sido como o quebrar das ondas? Como a brisa nas folhas? Será que ele conhecia a magia das palavras que, uma vez ditas, fazem uma mulher colher uma flor e a colocar nos cabelos?

As outras sorriram, surpresas de memórias que começavam a surgir de profundezas, como bolhas que sobem de espaços submarinos, desejos há muito esquecidos.

Foi então que uma outra, olhando aquelas mãos enormes, inertes, disse as saudades que arrepiavam a sua pele:

— "Estas mãos... Que terão feito? Terão tomado no seu vazio um rosto de mulher? Terão sido ternas? Terão sabido amar?"

E elas sentiram que coisas belas e sorridentes, há muito esquecidas, passadas por mortas, nas suas funduras, saíam do ouvido e vinham, mansas, se dizer no silêncio do morto. A vida renascia na morte graciosa de um morto desconhecido e que, por isto mesmo, por ser desconhecido, deixava que pusessem no seu colo os desejos que a morte em vida proibira...

E os homens, do lado de fora, perceberam que algo estranho acontecia: os rostos das mulheres, maçãs em fogo, os olhos brilhantes, os lábios úmidos, o sorriso selvagem, e compreenderam o milagre: vida que voltava, ressurreição de mortos... E tiveram ciúmes do afogado... Olharam para si mesmos, se acharam pequenos e domesticados, e perguntaram se aquele homem teria feito gestos nobres (que eles não mais faziam) e pensaram que ele teria travado batalhas bonitas (onde a sua coragem?), e o viram brincando com crianças (mas lhes faltava a leveza...), e o invejaram amando como nenhum outro (mas onde se escondera o seu próprio amor?)...

Termina a estória dizendo que eles, finalmente, o enterraram.

Mas a aldeia nunca mais foi a mesma...

Não, não é à toa que conto esta estória. Foi quando eu soube da morte — ela cresceu dentro de mim. Claro que eu já suspeitava: os cavalos de guerra odeiam crianças, e o bronze das armas odeia canções, especialmente quando falam de flores, e não se ouve o ruflar lúgubre dos tambores da morte. [...] Foi então que me lembrei da estória. Não, foi ela que se lembrou de mim, e veio, para dar nome aos meus sentimentos, e se contou de novo. Só que agora os rostos anônimos viraram rostos que eu vira, caminhando, cantando, seguindo a canção, risos que corriam para ver a banda passar contando coisas de amor, os rojões, as buzinas, as panelas, sinfonia que se tocava, sobre a desculpa de um morto...

Mas não era isto, não era o morto: era o desejo que jorrava, vida, mar que saía de funduras reprimidas e se espraiava como onda, espumas e conchinhas, mansa e brincalhona...

Ah! O povo se descobrira, tão bonito como nunca suspeitara...

Não era raiva.

Não era azia.

Nem mesmo fome ou desemprego.

O bonito foi isto mesmo:

que de tantos golpes,

de tanta dor,

tenham surgido canções,

tenha brotado uma flor

Lembra-se?Aconteceu na estação da Páscoa...

A Vida ressurge da Morte.

Três dias, vinte anos, um século...

Não importa...

Por favor: conte para alguém a estória da aldeia que, depois de enterrar um morto, nunca mais foi a mesma... Nós...

P.S. Quase me esqueci de dizer. A estória é de Gabriel Garcia Márquez. Eu só a recontei do meu jeito.

(*Folha de S.Paulo*, 19 maio 1984)

O afogado mais bonito do mundo (1968)

Gabriel García Márquez

Os primeiros meninos que viram o volume escuro e silencioso que se aproximava pelo mar imaginaram que era um barco inimigo. Depois viram que não trazia bandeiras nem mastreação, e pensaram que fosse uma baleia.

Quando, porém, encalhou na praia, tiraram-lhe os matos de sargaços, os filamentos de medusas e os restos de cardumes e naufrágios que trazia por cima, e só então descobriram que era um afogado.

Tinham brincado com ele toda a tarde, enterrando-o e desenterrando-o na areia, quando alguém os viu por acaso e deu o alarma no povoado. Os homens que o carregaram à casa mais próxima notaram que pesava mais que todos os mortos conhecidos, quase tanto quanto um cavalo, e se disseram que talvez tivesse estado muito tempo à deriva e a água penetrara-lhe nos ossos. Quando o estenderam no chão viram que fora muito maior que todos os homens, pois mal cabia na casa, mas pensaram que talvez a capacidade de continuar crescendo depois da morte estava na natureza de certos afogados. Tinha o cheiro do mar e só a forma permitia supor que fosse o cadáver de um ser humano, porque sua pele estava revestida de uma couraça de rêmora e de lodo.

Não tiveram que limpar seu rosto para saber que era um morto estranho. O povoado tinha apenas umas vinte casas de tábuas, com pátios de pedra sem flores, dispersas no fim de um cabo desértico. A terra era tão escassa que as mães andavam sempre com medo de que o vento levasse os meninos, e os poucos mortos que os anos iam causando tinham que atirá-los das escarpas. Mas o mar era manso e pródigo, e todos os homens cabiam em sete botes. Assim, quando encontraram o afogado bastou-lhes olhar uns aos outros para perceber que nenhum faltava.

Naquela noite não foram trabalhar no mar. Enquanto os homens verificavam se não faltava alguém nos povoados vizinhos, as mulheres ficaram cuidando do afogado. Tiraram-lhe o lodo com escovas de esparto, desembaraçaram-lhe os cabelos dos abrolhos submarinos e rasparam a rêmora com ferros de descamar peixes. À medida que o faziam, notaram que a vegetação era de oceanos remotos e de águas profundas, e que suas roupas estavam em frangalhos, como se houvesse navegado por entre labirintos de corais. Notaram também que carregava a morte com altivez, pois não tinha o semblante solitário dos outros afogados do mar, nem tampouco a catadura sórdida e indigente dos afogados dos rios. Somente, porém, quando acabaram de limpá-lo tiveram consciência da classe de homem que era, e então ficaram sem respiração. Não só era o mais alto, o mais forte, o mais viril e o mais bem servido que jamais tinham visto, senão que, embora o estivessem vendo, não lhes cabia na imaginação.

Não encontraram no povoado uma cama bastante grande para estendê-lo nem uma mesa bastante sólida para velá-lo. Não lhe serviram as calças de festa dos homens mais altos, nem as camisas de domingo dos mais corpulentos, nem os sapatos do maior tamanho. Fascinadas por sua desproporção e sua beleza, as mulheres decidiram então fazer-lhe umas calças com um bom pedaço de vela carangueja e uma camisa de cretone de noiva, para que pudesse continuar sua morte com dignidade. Enquanto costuravam sentadas em círculo, contemplando o cadáver entre ponto e ponto, parecia-lhes que o vento não fora nunca tão tenaz nem o Caribe estivera tão ansioso como naquela noite, e supunham que essas mudanças tinham algo a ver com o morto. Pensavam que, se aquele homem magnífico tivesse vivido no povoado, sua casa teria tido as portas mais largas, o teto mais alto e o piso mais firme, e o estrado de sua cama teria sido de cavernas mestras com pernas de ferro, e sua mulher a mais feliz. Pensavam que teria tido tanta autoridade que poderia tirar os peixes do mar só os chamando por seus nomes, e teria posto tanto empenho no trabalho que faria brotar mananciais entre as pedras mais áridas e semear flores nas escarpas. Compararam-no em segredo com seus homens, pensando que não seriam capazes de fazer em toda uma vida o que aquele era capaz de fazer numa noite, e acabaram por repudiá-los no fundo dos seus corações como os seres mais fracos e mesquinhos da terra. Andavam perdidas por esses labirintos de fantasia, quando a mais velha das mulheres, que por ser a mais velha contemplara o afogado com menos paixão que compaixão, suspirou:

— Tem cara de se chamar Esteban.

Era verdade. A maioria bastou olhá-lo outra vez para compreender que não podia ter outro nome. As mais teimosas, que eram as mais jovens, mantiveram-se com a ilusão de que ao vesti-lo, estendido entre flores e com uns sapatos de verniz, pudesse chamar-se Lautaro. Mas foi uma ilusão vã. O lençol ficou curto, as calças mal cortadas e pior costuradas ficaram apertadas e as forças ocultas de seu coração faziam saltar os botões da camisa. Depois da meia-noite diminuíram os assovios do vento e o mar caiu na sonolência da quarta-feira. O silêncio pôs fim às últimas dúvidas: era Esteban. As mulheres que o vestiram, as que o pentearam, as que lhe cortaram as unhas e barbearam, não puderam reprimir um estremecimento de compaixão quando tiveram de resignar-se a deixá-lo estendido no chão. Foi então que compreenderam quanto devia ter sido infeliz com aquele corpo descomunal, se até depois de morto o estorvava. Viram-no condenado em vida a passar de lado pelas portas, a ferir-se nos tetos, a permanecer de pé nas visitas sem saber o que fazer com suas ternas e rosadas mãos de boi marinho, enquanto a dona da casa procurava a cadeira mais resistente e suplicava-lhe morta de medo sente-se aqui, Esteban, faça-me o favor, e ele encostado nas paredes, sorrindo, não se preocupe, senhora, estou bem assim, com os calcanhares em carne viva e as costas abrasadas de tanto repetir o mesmo em todas as visitas, não se preocupe, senhora, estou bem assim, só para não passar pela vergonha de destruir a cadeira, e talvez sem ter sabido nunca que aqueles que lhe diziam não se vá, Esteban, espere pelo menos até que aqueça o café, eram os mesmos que depois sussurravam já se foi o bobo grande, que bom, já se foi o bobo bonito. Isto pensavam as mulheres diante do cadáver um pouco antes do amanhecer. Mais tarde, quando lhe cobriram o rosto com um lenço para que não o maltratasse a luz, viram-no tão morto para sempre, tão indefeso, tão parecido com os seus homens, que se abriram as primeiras gretas de lágrimas nos seus corações. Foi uma das mais jovens que começou a soluçar. As outras, consolando-se entre si, passaram dos suspiros aos lamentos, e quanto mais soluçavam mais vontade sentiam de chorar, porque o afogado estava se tornando cada vez mais Esteban, até que o choraram tanto que ficou sendo o homem mais desvalido da terra, o mais manso e o mais serviçal, o pobre Esteban. De modo que, quando os homens voltaram com a notícia de que o afogado também não era dos povoados vizinhos, elas sentiram um vazio de júbilo entre as lágrimas.

— Bendito seja Deus — suspiraram: — é nosso!

Os homens acreditaram que aqueles exageros não eram mais que frivolidades de mulher. Cansados das demoradas averiguações da noite, a única coisa que queriam era descartar-se de uma vez do estorvo do intruso antes que se acendesse o sol bravo daquele dia árido e sem vento. Improvisaram umas padiolas com restos de traquetes e espichas, e as amarraram com carlingas de altura, para que resistissem ao peso do corpo até as escarpas. Quiseram prender-lhe aos tornozelos uma âncora de navio mercante para que ancorasse sem tropeços nos mares mais profundos onde os peixes são cegos e os búzios morrem de saudade, de modo que as más correntes não o devolvessem à margem, como acontecera com outros corpos. Porém, quanto mais se apressavam mais coisas as mulheres lembravam para perder tempo. Andavam como galinhas assustadas bicando amuletos do mar nas arcas, umas estorvando aqui porque queriam pôr no afogado os escapulários do bom vento, outras estorvando lá para abotoar-lhe uma pulseira de orientação, e depois de tanto saia daí, mulher, ponha-se onde não estorve, olhe que quase me faz cair sobre o defunto, aos fígados dos homens subiram as suspeitas e eles começaram a resmungar, para que tanta bugiganga de altar-mar para um forasteiro, se por muitos cravos e caldeirinhas que levasse em cima os tubarões iam mastigá-la, mas elas continuavam ensacando suas relíquias de quinquilharia, levando e trazendo, tropeçando, enquanto gastavam em suspiros o que poupavam em lágrimas, tanto que os homens acabaram por se exaltar, desde quando semelhante alvoroço aqui por um morto ao léu, um afogado de nada, um presunto de merda. Uma das mulheres, mortificada por tanta insensibilidade, tirou o lenço do rosto do cadáver e também os homens perderam a respiração.

Era Esteban. Não foi preciso repeti-lo para que o reconhecessem. Se lhe tivessem chamado Sir Walter Raleigh, talvez, até eles ter-se-iam impressionado com seu sotaque de gringo, com sua arara no ombro, com seu arcabuz de matar canibais, mas Esteban só podia ser único no mundo e ali estava atirado como um peixe inútil, sem polainas, com umas calças que não lhe cabiam e umas unhas cheias de barro que só se podiam cortar a faca. Bastou que lhe tirassem o lenço do rosto para perceber que estava envergonhado, que não tinha a culpa de ser tão grande, nem tão pesado nem tão bonito, e se soubesse que isso ia acontecer teria procurado um lugar mais discreto para afogar-se, verdade, me amarraria eu mesmo uma âncora de galeão no pescoço e teria tropeçado como quem não quer nada nas escarpas, para não andar agora estorvando com este morto de quarta-feira, como vocês chamam, para não molestar ninguém com esta porcaria de presunto que nada tem a ver comigo. Havia tanta verdade no seu modo de estar que até os homens mais desconfiados, os que achavam amargas as longas noites do mar temendo que suas mulheres se cansassem de sonhar com eles para sonhar com os afogados, até esses, e outros mais empedernidos, estremeceram até a medula com a sinceridade de Esteban.

Foi por isso que lhe fizeram os funerais mais esplêndidos que se podiam conceber para um afogado enjeitado. Algumas mulheres que tinham ido buscar flores nos povoados vizinhos voltaram com outras que não acreditavam no que lhes contavam, e estas foram buscar mais flores quando viram o morto, e levaram mais e mais, até que houve tantas flores e tanta gente que mal se podia caminhar. Na última hora doeu-lhes devolvê-lo órfão às águas, e lhe deram um pai e uma mãe dentre os melhores, e outros se fizeram seus irmãos, tios e primos, de tal forma que através dele todos os habitantes do povoado acabaram por ser parentes entre si. Alguns marinheiros que ouviram o choro a distância perderam a segurança do rumo, e se soube de um que se fez amarrar ao mastro maior, recordando antigas fábulas de sereias. Enquanto se disputavam o privilégio de levá-lo nos ombros pelo declive íngreme das escarpas, homens e mulheres perceberam pela primeira vez a desolação de suas ruas, a aridez de seus pátios, a estreiteza de seus sonhos, diante do esplendor e da beleza do seu afogado. Jogaram-no sem âncora, para que voltasse se quisesse, e quando o quisesse, e todos prenderam a respiração durante a fração de séculos que demorou a queda do corpo até o abismo. Não tiveram necessidade de olhar-se uns aos outros para perceber que já não estavam todos, nem voltariam a estar jamais. Mas também sabiam que tudo seria diferente desde então, que suas casas teriam as portas mais largas, os tetos mais altos, os pisos mais firmes, para que a lembrança de Esteban pudesse andar por toda parte sem bater nas traves, e que ninguém se atrevesse a sussurrar no futuro já morreu o bobo grande, que pena, já morreu o bobo bonito, porque eles iam pintar as fachadas de cores alegres para eternizar a memória de Esteban, e iriam quebrar a espinha cavando mananciais nas pedras e semeando flores nas escarpas para que nas auroras dos anos venturosos os passageiros dos grandes navios despertassem sufocados por um perfume de jardins em alto-mar, e o capitão tivesse que baixar do seu castelo de proa em uniforme de gala, com astrolábio, estrela polar e sua enfiada de medalhas de guerra, e apontando o promontório de rosas no horizonte do Caribe dissesse em catorze línguas olhem lá, onde o vento é agora tão manso que dorme debaixo das camas, lá, onde o sol brilha tanto que os girassóis não sabem para onde girar, sim, lá é o povoado de Esteban.

LEIA TAMBÉM

▶ DESVENDANDO OS SEGREDOS DO TEXTO

Ingedore G. Villaça Koch

7ª edição - 1ª reimp. (2011)

168 páginas

ISBN 978-85-249-0837-8

Nesta obra, examinam-se as atividades de referenciação e as estratégias de progressão textual, bem como os processos inferenciais envolvidos no processamento dos diferentes tipos de anáfora; os recursos de progressão, de progressão e continuidade tópica e o funcionamento dos articuladores textuais.

LEIA TAMBÉM

▶ **LINGUÍSTICA DE TEXTO E ANÁLISE DA CONVERSAÇÃO:**
panorama das pesquisas no Brasil

Anna Christina Bentes
Marli Quadros Leite (Orgs.)

1ª edição (2010)

432 páginas

ISBN 978-85-249-1626-7

Este é um livro de celebração e de homenagem. Celebração dos 25 anos de pesquisa do Grupo de Trabalho Linguística de Texto e Análise da Conversação. E homenagem ao Prof. Luiz Antônio Marcuschi. Sua leitura possibilita aos estudantes e professores de graduação e de pós-graduação em Letras e Linguística um panorama dos principais temas de pesquisa do Grupo. Apresenta breves análises de interações e de textos das principais categorias analíticas com as quais os pesquisadores vêm trabalhando ao longo desse período.